바닐라빛 하늘 아래
푸꾸옥에서

바닐라빛 하늘 아래
푸꾸옥에서

이지상 지음

북서퍼

여행은 마음으로 보는 법을 배우는 길이다

여행이라는 별을 향해 떠나는 순간

일상이라는 행성을 벗어나 여행이라는 별을 향해 떠나는 순간, 우리는 시간을 다른 방식으로 느끼게 된다. 일상에서는 분주하게 돌아가는 시계의 초침 소리에 맞춰 살다가도, 여행을 하면 그 모든 것이 멈춘 듯한 평화를 경험하게 된다.

어느 날 달력을 무심히 보다가 여행을 가고 싶어졌다. 솔직히 무서움을 느꼈다. 어떻게 살아가고 있는 것인지 모를 정도로 시간이 빠르게 가고 있었다. 시간에도 중력과 가속도가 있는 것인지 모르겠다. 일상의 습관은 중력처럼 나를 무겁게 잡아당기고, 하루하루는 점점 가속도가 붙어 화살처럼 빠르게 날아가고 있었다. 시간의 속도를 잴 수 있다면 빛만큼이나 빠르지 않을까?

일상 속에서 우리는 시간의 무게를 짊어지고 살아간다. 매일 같은 시간에 눈을 뜨고, 같은 길로 출근하며, 비슷한 일상을 반복한다. 이러한 반복 속에서 시간은 마치 끝없는 직선처럼 다가온다. 하지만 여행을 하게 되면, 이 모든 일상의 규칙에서 벗어나 시간의 흐름을 새롭게 경험할 수 있다. 다른 우주로 여행을 떠난 것처럼.

언제였던가. 제주도의 해변을 걷거나 우도의 푸른 바다를 바라보는 순간, 성산일출봉에서 일출을 감상하는 그 순간들은 평범한 일상에서는 결코 경험할 수 없는 시간을 느끼게 해 주었다. 여행의 한 순간이 일상의 몇 달 치 시간과 비슷한 존재감을 갖는다.

그래. 나는 힘들고 무뎌질 때면 여행을 꿈꾼다. 꿈꾸고 생각하는 것만으로 나는 한 줄기 빛을 본다. 그 빛이 작고 희미할지라도 아무런 문제가 되지 않는다. 만질 수 없지만 모든 것을 비춘다.

가만히 떠올려보면 여행은 단지 새로운 장소를 보는 것 이상의 의미가 있는 것 같다. 끝없는 방황을 하다 문득 정신을 차리고 주변을 돌아보는 기분. 여행할 때면 그런 기분을 느낀다. 나의 위치에 대해 나에게 진심으로 묻는 순간과 만나는 것이다.

여행하는 동안, 시간이 더 느리게 흐르는 것처럼 느껴지기도 하고, 때로는 모든 순간이 너무나도 소중하고 의미 있게 다가온다. 삶의 모든 순간이 나를 스쳐 가지 않고 말을 걸어온다. 어때? 괜찮아? 가만히 들어줘. 나를 봐. 나의 이야기를 들어봐. 타인과 그리고 나 자신과 대화하는 법을 배우게 된다.

흔한 말일 수 있지만 여행을 통해 우리는 일상의 반복에서 벗어나, 삶의 진정한 가치를 발견하고, 자신을 더 잘 알게 된다. 그리고 모순적이게도 일상을 벗어나 일상의 소중함을 깨닫고 돌아오게 된다.

결국 우린 집으로 돌아오기 위해 떠난다.
원점으로 돌아오기 위해 멀리 떠난다. 돌아오기 위해 떠나는 것. 어쩌면 이것은 삶의 비밀인지도 모르겠다.

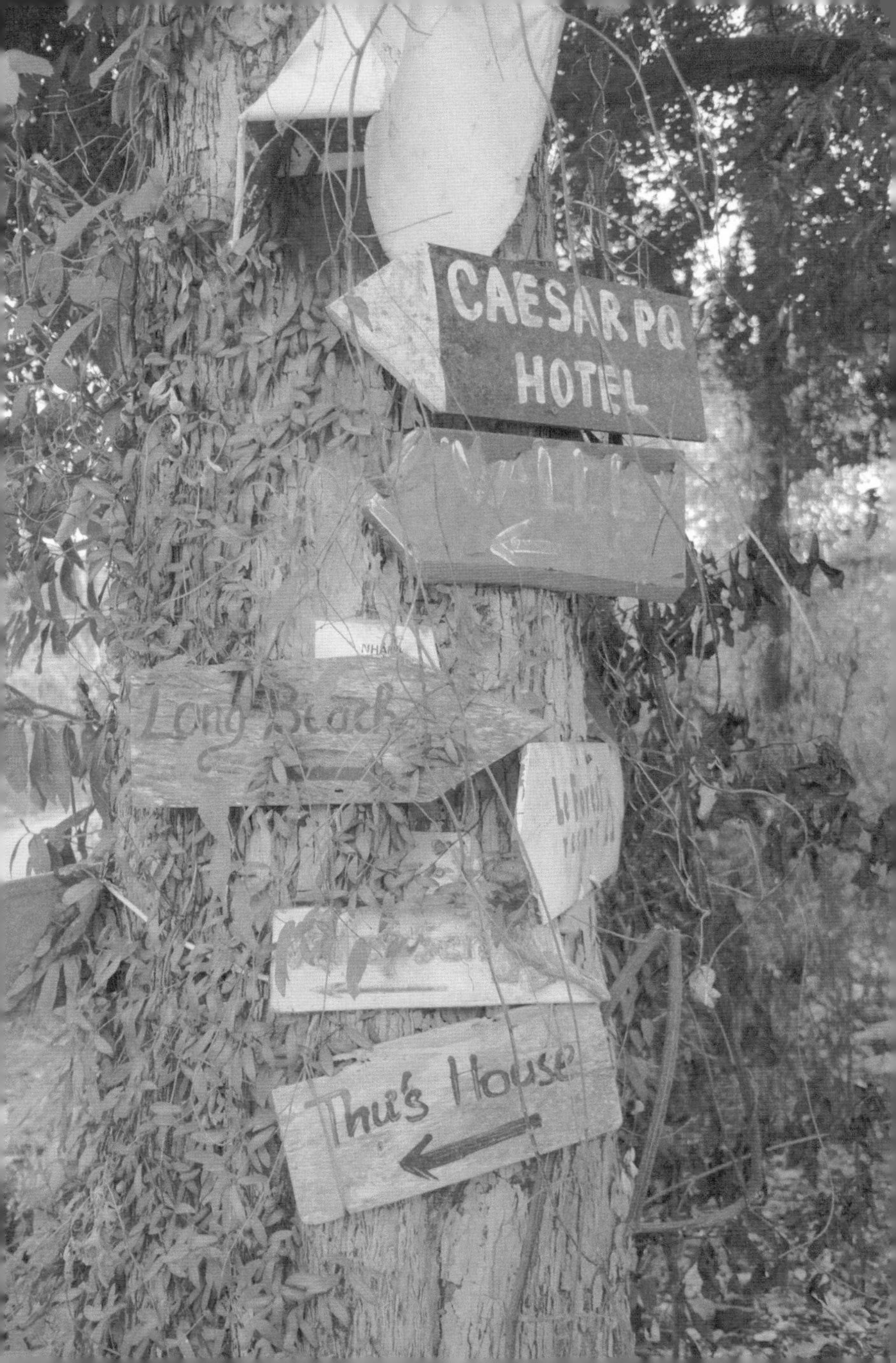
CAESAR PQ
HOTEL
Long Beach
Thu's House

Contents

여행의 시작

여행의 시작은 언제나 설렘이다. 그 설렘을 안고 우리는 부산행 버스에 몸을 실었다. 아침의 고요 속을 가르며 흔들리는 버스 안에서, 창밖으로 스쳐 지나가는 풍경들은 아직 잠에서 깨어나지 않은 듯 조용하고 평화로웠다. 부산으로 향하는 길, 우리의 목적지는 김해공항이었다. 하지만 그 전에, 부산에서만 맛볼 수 있는 특별한 식사를 하기로 했다.

사상역 근처에서 우리는 말만 듣던 부산의 돼지국밥을 맛보기로 했다. 식당에 들어서자마자 퍼져오는 국물의 향기가 입안을 자극했다. 오뚜기 돼지국밥만 먹어온 우리에게 이곳의 돼지국밥은 그야말로 새로운 경험이었다. 깊고 진한 맛, 그리고 각종 장아찌와 반찬들이 푸짐하게 나오는 것을 보며 우리는 이곳이 부산이라는 사실을 실감했다.

하지만 부산은 그렇게 호락호락하지 않았다. 그날은 전국에 강풍이 불어대는 날이었다. 부산은 따뜻하다고 해서 옷도 얇게 입고 왔다. 우린 오돌오돌 떨면서 부산의 거리에 얼어붙고 있었다.

꽃샘추위라고 하기에는 너무나 강한 바람이었다. 바람이 얼마나 세게 불었는지, 예약해 둔 비엣젯 항공이 지연될까 봐 걱정되었다. 그 걱정이 꿈속으로까지 이어져 이날 악몽을 꾸고 말았다. 여행을 시작할 때마다 느낀 건데, 이상하게 며칠간 악몽을 꾼다.

해운대의 파도 소리를 들으며 드론 쇼도 보려던 계획을 세웠던 그날, 우리는 호텔 방에서 머물렀다. 오후 3시밖에 되지 않아 우린 서로의 얼굴을 바라보며, 할 일이 없다는 것이 얼마나 괴로운지 깨달아야 했다. 바깥은 한겨울 추위가 깊게 들어선 날씨였지만 저녁 무렵, 간식거리를 사 오기 위해 호텔 근처 편의점으로 향했다.

편의점에서 눈에 띈 것은 대파 맛 스낵이었다. 첫입에 그 맛이 의외로 매력적이어서 추위조차 잊게 만들었다. 그 맛에 푹 빠져, 다시 한 번 추위를 뚫고 편의점으로 돌아가 한 봉지 더 구매했다. 이건 정말 인간 정신의 불가사의한 면을 우리가 증명해낸 기분을 들게 했다.

그날 밤, 우리는 '아이 러브 유'라는 드라마를 시청했다. 한국 유학생과 일본 여자의 로맨스를 다룬 이야기는 우리를 다른 세계로 이끌었다. 아내는 드라마 속 사랑 이야기에 푹 빠져 하트 눈이 되어 졸음이 몰려올 때까지 눈을 떼지 못했다. 이제 16살이 된 딸 녀석도 흐뭇하게(아니 왜 이 녀석이 로맨스를 흐뭇하게 보지?) 웃고 있었다. 아내의 모습이 너무 사랑스러워 나도 모르게 미소가 지어졌다. 그리고 두 여인이 잠들어 가는 모습을 바라보며 나도 조용히 눈을 감았다.

행복한 여행을 하는 방법

여행은 인스타그램처럼 해야 한다. 인스타그램을 하며 '좋아요'를 누르듯, 여행에서는 입으로 계속해서 '좋아요'를 말해야 한다.

여러 번 느낀 거지만 여행은 재밌기만 한 게 아니라 피곤한 일이다. 정말 그렇다. 시차가 있을 수도 있고, 갑작스러운 환경 변화로 컨디션이 평소와 같을 수가 없다. 평소라면 별거 아닌 일도 크게 다가오고, 심각하고 부정적으로 느껴질 수 있다. 굉장히 작고 사소한 일로 서로의 기분을 상하게 하는 말과 행동을 주저없이 하게 된다.

여행을 하는 동안 우리는 종종 목적지에 도달하는 것을 최종 목표로 삼곤 한다. 하지만 진정한 여행의 의미는 바로 '함께함'에 있다. 함께 걷는 길, 함께 맞이하는 풍경, 함께 나누는 대화 속에서 우리는 서로를 더 깊게 이해하고, 그 순간들을 통해 서로의 존재를 더욱 소중히 여기게 된다. 그래서 칭찬이 중요하다. 공감하고 마음을 살피며 나를 내려놓아야 한다.

여행 중에는 말 한마디가 큰 파장을 남긴다. 하고 싶은 말은 많지만, 상대방의 기분을 섬세하게 살피며 칭찬과 긍정의 말을 선택하는 것이 행복한 여행을 위한 지혜로운 방법이다. 쉽지 않다는 건 알고 있다. 마치 마음과 입술이 분리되어 독립적으로 움직이듯 칭찬을 해야 하기 때문이다.

"웃을 때 가장 예뻐"라든가, "너와 함께라서 좋아" 같은 말들을 숨 쉬듯 해야한다. 아마도 듣는 사람은 평소와 다른 말투라고 느낄지라도 싫어하진 않을 것이다. 하다 보면 점점 실력이 는다.

나의 입술이 나의 마음과 분리되어 마치 인스타그램 좋아요를 누르는 엄지손가락처럼 연신 상대방을 향해 좋아요, 멋져요, 고마워요, 라고 발음하고 있을 것이다. 내가 이렇게 비굴

할 수 있나? 이렇게까지 아첨을 해야 하나? 하는 마음이 들 수도 있지만, 행복한 여행이 되어가는 자연스러운 과정 중에 하나라고 받아들이자.

함께 여행하던 일행이 명소 앞에서 이상한 포즈를 취하며 "이 포즈 어때?" 묻는다. 우리의 마음속에서는 "저 자는 지금 무엇을 하고 있는 것인가?" 혹은 "왜 항상 저런 포즈를 취하지? 창피해."라는 의문이 들지만, 우리의 입술은 "와, 너 정말 모델 같아!"라고 대답하고 있어야 한다.

여행 중에는 길을 잃을 때가 많다. 실수를 많이 하기도 한다. "내가 뭐라고 그랬어? 그쪽으로 가자니까? 그러게 내 말대로 하면 됐잖아." 라고 쉽게 말한다. 이렇게 은근히 약을 올리거나, 자신이 옳다는 것을 주장하는 일을 참으로 좋아한다.

하지만 힘들어하는 상대를 보며 "이건 정말 우리만의 모험이네"라고 말하며 웃어야 한다. 그러면 그 순간은 실수와 잘못으로 얼룩진 순간이 아니라, 따뜻하고 특별한 순간이 된다. 우리의 입술이 우리의 여행을 더욱 특별하게 만든다. 나를 내려놓으면 조화의 경지에 손톱만큼 다가가게 된다.

허기지면 짜증이 나는 친구, 가족, 연인, 동행자를 위해 조금은 맛이 없어도 미소를 지으며 "여기 분위기 정말 좋다!"라고 말해주는 순간들. 그리고 그 상대가 그 말에 힘입어 "응, 그리고 너랑 함께라서!"라고 화답할 때, 우리는 진정한 여행의 의미와 행복을 깨닫게 된다.

마음과 입술이 서로 다른 이야기를 하며 우리를 웃음 짓게 만들고, 때로는 그 소소한 불일치가 우리를 더욱 가깝게 만든다. 여행이 주는 가장 큰 선물 중 하나는 바로 이런 순간들을 통해 서로를 더 깊게 이해하고 사랑하게 된다는 것이다.

여행 후 사진을 보며 좋아요를 발음했던 모든 순간들이 분명 잘했다고 느껴질 것이다. 우리는 찰나의 아름다움을 영원으로 변환시킬 수 있는 빛나는 기회를 잡은 것이다. 서로에 대한 깊은 사랑과 존중. 이것이야말로 여행을 통해 우리가 얻을 수 있는 가장 귀중한 선물이 아닐까.

'좋아요'는 하나의 태도이다.

베트남 지폐와 호찌민

여행을 위해 환전을 하게 되면 특이한 점을 발견하게 된다. 베트남의 모든 지폐에 똑같은 인물이 그려져 있다는 점이다. 바로 호찌민이다. 이 점만으로도 호찌민이 베트남 사람들에게 얼마나 중요한 인물인지 짐작할 수 있다.

호찌민은 베트남의 독립운동가이자, 정치 지도자이다. 본명은 응우옌신꿍(Nguyen Sinh Cung)이며, 호찌민이라는 이름은 '빛을 가져오는 자'라는 의미가 있다고 한다. 영웅의 신화를 넘어서, 현실에 불릴 수 있는 가장 아름다운 수식어가 붙은 사람이라고 할 수 있지 않을까?

호찌민은 베트남의 독립과 통일을 위해 평생을 바친 인물로, 베트남 인민의 아버지라고도 불린다. 호찌민은 베트남 사람들에게 정치 지도자를 넘어 국민 모두에게 희망과 용기를 주는 상징적인 존재인 것이다.

그는 프랑스와 미국과 같은 강대국에 맞서 싸우며, 작은 나라가 자신의 운명을 스스로 결정할 수 있다는 것을 전 세계에 보여주었다.

따라서 베트남 사람들에게 호찌민은 자부심의 원천이다. 그의 지도 아래 베트남은 독립을 쟁취했고, 이후 수십 년간의 분열과 전쟁을 거쳐 통일을 이루는 데 큰 역할을 했다. 그의 철학과 리더십은 오늘날에도 베트남 사회에 깊은 영향을 미치고 있다.

그의 얼굴은 매일 베트남 사람들의 손을 거쳐 가며, 그들에게 과거의 희생과 투쟁, 그리고 미래에 대한 희망의 메시지를 전달하고 있다. 처음엔 지폐의 인물이 한 사람이라 의아했는데, 이러한 점을 알고나자 이해할 수 있었다. 그는 베트남 사람들의 마음속에 영원히 살아 숨 쉬는 영혼처럼 여겨지고 있었다.

푸꾸옥의 달콤한 오후

아침 6시 호텔의 친절한 샌딩 서비스를 신청하여 공항으로 가는 차를 탔다. 비엣젯 항공 VJ969편을 타고 푸꾸옥으로 향하는 우리 가족은 비행기가 일정보다 10분 일찍 출발하는 기적을 경험했다. 원래는 7시 35분 출발이었는데, 모두가 일찍 준비된 덕분인지 7시 25분에 비행기가 이륙했다. 비행기가 빨리도 가는구나 싶었다.

솔직히 말해서, 비엣젯 항공에 대한 악명을 들어서 조금 걱정했었는데, 기장님은 베테랑 마술사처럼 비행기를 날개 달린 소파처럼 부드럽게 이끌었다. 저가 항공이라 좌석 간격은 좁

긴 했지만 우리 가족이 앙상한 편이라 크게 문제 되지 않았다. 난기류 하나 없이, 우리는 12시 45분에 안전하게 푸꾸옥 공항에 착륙했다.

푸꾸옥 공항에 도착하자 햇살이 눈부시게 맑은 날씨가 우리를 맞이했다. 공항을 나와 붉은 코로나 간판을 따라가니, 초록색 빈버스 17번이 우리를 기다리고 있었다. 에어컨이 시원하게 빵빵 터지는 무료 셔틀버스를 타고 두 번째 정거장인 Hoang Tra Travel에서 내려 15분쯤 골목길을 걸으면, 숲속에 숨어있는 아담한 리조트 '팜 베이 리조트'가 나타날 것이다.

정류장에서 가장 먼저 눈에 띄는 건, 사회주의 국가임을 알리는 베트남 국기였다. 빨간 바탕 중앙에 큼지막한 노란 별이 그려져 있어서 누가 봐도 '아, 여기가 베트남이구나' 싶게 만들었다. 오토바이는 마치 비디오 게임 속 장애물처럼 우리 앞을 스쳐 지나갔다. 하지만 유튜브에서 배운 대로 우리는 빙산의 일각처럼 당당히 길을 건너며 오토바이들을 제압했다.

오토바이들이 정말 많았다. 수십 대의 오토바이가 각기 다른 굉음을 내며 멀리서부터 달려오면, 그냥 저절로 몸이 어딘가로 숨고 싶을 만큼 겁이 난다. 마음 단단히 잡고 뒷걸음치다 넘어지지 않도록 서로의 손을 놓치지 않도록 해야 된다.

리조트로 향하는 골목길을 걸으며 만난 작은 마사지샵들에서는 상냥한 여직원들이 "안녕하세요" 하며 인사를 건넸다. 호객 행위지만, 그들의 인사는 부담스럽지 않고 오히려 따뜻했다. 우리는 미소를 지으며 화답했다. 골목을 천천히 걸으며 열대 나라의 화려한 색감, 잘 익은 망고부터 어딘가 낯익은 냄새를 풍기는 두리안, 은은한 파파야까지 다양한 과일과 범상치 않은 인상의 푸꾸옥 개들을 구경하는 것은 이국적인 재미가 있었다. 열대의 계절이 선사하는 풍경은 골목을 화사한 풍경화로 만들었다.

큰 나무 아래에 있는 과일가게에서는 망고, 파인애플, 아보카도, 파파야, 구아바 등의 주스와 스무디를 팔고 있었다. 망고는 1kg에 25.000동(1,250원)이라는 저렴한 가격이었다. 우리는 당근 주스, 망고 스무디, 구아바 주스 세 잔에 65.000동을 내고 한 잔씩 마시며 길을 걸었다.

숙소에 도착하니 리셉션 직원이 밝게 웃으며 우리를 맞이했고, 사모님 같은 인상의 중년 여성이 웰컴 후르츠인 잭프룻을 하얀 접시에 담아 우리에게 건네주었다. 달콤함이 일품이었다.

간단히 짐을 풀고, 필요한 물건을 사러 그 유명한 킹콩마트로 향했다. 왜 도착하자마자 킹콩마트로 가냐고 묻는다면 할 말이 없다. 그것은 불문율처럼, 너무나 당연한 일이기 때문이었다. 빈버스를 타고 두 정거장 이동해 존스투어에서 내리면 바로 도착할 수 있다.

킹콩마트에서의 쇼핑은 마치 휴양지 버전의 블랙 프라이데이를 방불케 했다. 사람들은 카트에 피난을 떠나는 것처럼 가득 물건을 쌓고 있었다. 우리도 질 수 없어 카트에 올라타 풀악셀을 밟았다.

우리는 베트남의 물가에 감탄하며 쇼핑을 즐겼다. 베트남 동/20을 하면 한국의 원으로 환산할 수 있다. 시원하고 화려한 휴양지 원피스를 골라 입어보고, 딸과 아내는 각자 마음에 드는 옷 두 벌씩 골랐다. 원피스 한 벌 가격이 만 원도 안 되어 부담 없이 쇼핑을 즐기며 행복해했다.

쓴맛의 베트남 커피와 함께 먹으면 맛있다는 커피조이 과자,

달콤한 슈슈땅콩 믹스, 바나나보트 썬크림, 알로에 젤, 심지어 서양의 신사가 하얀 이를 드러내며 웃고 있는 달리 치약까지 구입했다. 담아도 담아도 가격이 낮아지며 공짜로 얻는 기분마저 들 정도로 황홀경에 빠져들고 있었다.

쇼핑을 마치고 다시 빈버스를 타고 리조트로 돌아왔다. 한국보다 두 시간이 늦은 시차 덕분에 하루가 유난히 길게 느껴졌다.

오후 6시가 되기를 기다리며 바닷가로 걸어가 노을을 바라보았다. 해변이 있는 리조트들 사이로, 푸르고 아름다운 바다가 우리를 기다리고 있었다.

바다는 기다림이다.

언제나 저 자리에서 모든 사람을 기다리고 있는 느낌이다. 고향보다 짙고 푸른 향이 나는 어떤 그리운 품속 같기도 하다. 한 손에는 슬리퍼를 들고 파도가 밀려올 때마다 리듬을 타듯 발걸음을 옮기며 걸었다. 서로의 손을, 파도의 손을 잡고 모래 위를 걷다 보면 멀리 노을이 아름답게 저물어 간다.

자리에 앉아 저물어 가는 노을을 본다.

아무 말도 할 수 없는 순간이 흘러간다.

생각해 보면 모든 순간이 좋았다.

노을이 지고 밤이 깊어가면서, 푸꾸옥의 밤은 화려한 불빛과 함께 또 다른 활기를 느끼게 했다. 마치 하루가 이제 시작된 것만 같은 그런 기분. 우리는 골목 과일가게에서 사 온 망고 1kg을 잘라서 맥주와 함께 첫날 밤을 마무리하기로 했다.

아름다운 불빛이 밤하늘을 수놓은 푸꾸옥의 밤. 그 어느 때보다도 평화롭고 고요한 시간 속에서, 우리는 망고를 한 조각씩 입에 넣었다. 망고의 달콤함이 입안 가득 퍼지는 순간, 시간은 잠시 멈춘 듯했다. 우린 동시에 "차원이 달라!"라고 외쳤다.

그리고 그 달콤함을 더욱 돋보이게 하는 것은 바로 시원하게 목을 타고 내려가는 맥주의 쌉싸름한 맛. 이 순간만큼은 모든 것이 완벽하게 어우러졌다. 지구가 꼭 우릴 위해 돌고 있는 듯한 기분마저 들었다.

이 순간, 푸꾸옥의 밤공기는 달콤하고 쌉싸름한 맛으로 가득 차 있었다. 마치 마법으로 그려내는 세계처럼, 현실과는 조금

다른, 뭔가 특별한 감각의 세계. 망고와 맥주는 그저 음식이
아니라, 우리가 잠시 다른 세계로 여행을 떠난 듯한 기분을 느
끼게 해 주었다.

반짝이는 평범한 하루

부산에서부터 시작된 잠 못 이루었던 밤은 푸꾸옥에 도착해
마침내 꿀잠으로 보상받았다. 세상이 멸망해도 모를 정도로
깊이 잠들었다 깨어났을 때, 나는 여전히 한국 시간에 맞춰진
생체 시계를 따라 이곳 푸꾸옥 시간으로는 새벽 4시 30분에
눈을 떴다. 리조트 리뷰에서 닭 소리에 대한 불평을 읽었지만,
나는 닭보다 일찍 깨어났다. 이것이야말로 진정한 승리의 순
간이 아닐까?

아침 7시가 되어 가족과 함께 식당으로 향했다. 식당에서 내
려다보는 리조트의 전경은 어느 휴양지의 광고 같았다. 가운

데는 시원한 파란색 수영장이 자리 잡고 있고, 주변을 둘러싼 이 층짜리 방들이 마치 근사한 휴가를 약속이라도 하듯 서 있었다. 리조트 뒤로 펼쳐진 울창한 숲에서는 아름다운 새소리가 울려 퍼졌다.

직원에게 룸 넘버를 알려주고 베트남 커피 한 잔을 따라와 자리에 앉아 눈을 감고 향을 음미했다. '아침에 마시는 커피는 정말 마법 같아. 온몸으로 흘러들어 정신을 맑게 해주는 느낌이랄까.'

커피를 마시며 마주 앉은 딸아이를 바라보는 순간, 눈부신 햇살이 그녀를 요정처럼 비추고 있었다. "넌 정말 요정 같아." 내 말에 딸아이는 그 표정과 자세를 한껏 유지하며 마치 진짜 요정이 된 것처럼 굴었다. 정말 귀여운 녀석이다.

이른 아침부터 나는 머릿속으로 오늘 하루를 어떻게 보낼지 계획을 세웠다. 여행지에서조차 나는 항상 다음 일정을 서두르는 경향이 있다. 심지어 조식을 먹으면서도 무의식적으로 시간을 쫓는 기분이었다. 그러나 딸아이가 햇살 속에서 빛나는 그 모습을 보는 순간, 모든 서두름을 멈추어 본다. '아, 이게 바로 여기 온 진짜 이유구나.'

내가 여행을 온 목적은 다음 일정을 서두르기 위함이 아니라, 바로 이런 순간들을 만나기 위해서였다. 딸아이의 눈부신 모습, 그것이 바로 내가 여행에서 찾고자 했던 모든 것이었다.

푸꾸옥의 따스한 햇살 아래, 나는 가족과 함께 있는 이 순간을 온전히 즐기기로 했다. 사랑하는 사람들과 함께하는 이런 순간이야말로 진정한 행복이 아닐까? 커피 한 잔의 여유, 딸아이의 눈부신 웃음, 그리고 옆에서 그 모습을 함께 바라보는 아내. 이 모든 것이 합쳐져 완벽한 순간을 만들어낸다. 여행은 결국 이런 순간들을 만나기 위한 여정인 것 같다. 지금 이 순간, 푸꾸옥의 햇살 아래, 나는 가장 소중한 보물을 다시 한번 발견했다.

우린 함께 뷔페식으로 차려진 음식들을 탐색해보았다. 고소한 바게트, 여러 종류의 식빵, 팬케이크, 콘플레이크, 갓 짠 열대 과일 주스, 수박, 패션후르츠, 용과 등 신선한 과일과 볶음 누들, 소세지, 새우 어묵, 베이컨 등 간단하지만 맛깔나는 음식들로 가득했다. 오믈렛과 쌀국수는 즉석에서 만들어주니, 주문하지 않을 수가 없었다.

동남아에서는 오이와 토마토가 유독 맛있다고 느껴져 접시에 가득 담았다. 감자와 당근이 계속해서 먹고 싶었던 나는 프렌 치프라이, 청경채와 당근, 양파를 볶은 음식도 곁들였다. 두 번째 접시에는 볶음밥, 소세지, 베이컨, 그리고 프렌치프라이 를 한 번 더 담았다. 마지막으로 치킨 쌀국수를 주문했는데, 국물을 한 모금 마시는 순간 '여기가 바로 쌀국수 맛집이구나' 싶었다. 고수의 향기가 살아 있는 쌀국수를 먹으며 현지에서 먹는 이 특별한 맛을 즐겼다.

이국적인 풍경 속에서, 현지의 신선한 재료로 만든 음식의 맛 을 음미하는 것은 위대한 개츠비가 된 부유한 기분을 들게 해 주었다. 나란 사람, 밥 한 끼에 이런 행복 느끼는 사람이다.

그도 그럴 것이 나는 식탁에 올라오는 거의 모든 식재료의 가 격과 조리 방법에 대해 굉장히 잘 알고 있다. 그래서 손질이 얼마나 힘든지, 방울토마토 가격과 과일의 가격이 얼마나 하 는지 잘 알고 있어 모든 것이 고마울 따름이었다.

사람들의 상냥한 미소는 아침을 더욱 달콤하게 만들어 주었 다. 푸꾸옥의 젊은 생기는 여기저기에서 느껴졌다. 직원들은 모두 이십 대 초반처럼 보였고, 그 활기가 리조트 전체에 에너지를 불어넣고 있었다.

식사 후, 우리는 수영을 즐기기로 했다. 휴양의 끝판왕은 수영 아니겠는가? 수영장의 미지근한 물 속에 몸을 던지며, 다이빙이 세상에서 가장 재밌어요 하고 속으로 외쳤다. 물은 인간을 어린아이로 만드는가 보다. 수영을 하다 지치면 썬베드에서 잠시 쉬며 햇볕을 맞기도 했다.

점심 무렵, 우리는 근처 식당으로 배를 문지르며 향했다. 푸꾸옥에 오면 너무 많이 먹을 수 있어 과식을 조심해야 한다는 것을 우린 잊고 있던 것이다. 햇볕이 이글거리는 오후라 어제 구입한 양산이 큰 도움이 되었다.

점심 식사는 반쎄오, 분짜, 모닝글로리로 시작했다. 특히 분짜는 나에게 특별한 음식이다. 옆집에 사는 베트남 출신 아기 엄마가 가끔 나눠주곤 했던 그 맛! 현지에서 먹는 분짜의 맛은 익숙하면서도 새로웠다. 각자의 손맛이 담긴 김치찌개처럼 분짜 역시 만드는 사람마다 그 맛이 달랐다.

점심을 먹고 리조트로 돌아오는 길, 우리는 주스 가게에서 잠시 쉬었다. 어제에 이어 다시 찾은 우리를 반겨주는 아주머니의 미소가 따뜻함을 더해주었다. 푸꾸옥 너무 좋다. 생과일주스 한 잔의 행복은 말로 표현할 수 없었다. 망고 스무디는 눈물 나게 달콤했다. 달달한 맛에도 등급이 있다면 평범한 달달함이 아니라, 왕좌에 앉아 있는 달달함이었다. 생과일 주스 세 잔에 3,500원. 나는 이 모든 것이 꿈만 같은 기분이었다.

오후에는 리조트에서 조용히 시간을 보내다 저녁 무렵, 우리는 쯔엉동 야시장으로 향했다.

여행 가면 꼭 들르는 시장. 거기엔 삶의 활력이 넘친다고들 한다. 하지만 우리 부부는 흥정의 '흥'조차 모르는 흥정 바보였다. 그럼에도 불구하고 호기심 한 스푼에 빈버스를 타고 PQ night market으로 향했다. 에어컨 바람에 몸을 실으며 기대 반, 두려움 반으로 가슴이 두근거렸다.

쯔엉동 야시장에 발을 들이자마자 땅콩, 철판 아이스크림, 식당들의 호객이 시작된다. 절대 흔들리면 안 된다. 걸음마다 등허리에 땀이 나기 시작하는데, 그만큼 야시장의 열기가 뜨겁고 스릴 넘쳤다. 잠깐이라도 눈에 힘을 풀면 지갑을 열고 있을 것 같았다. 우선 시원한 티셔츠와 바지를 찾아 옷 가게를 찾았다. 호객꾼이 주는 다양한 맛의 땅콩을 단호하고 엄숙한 표정으로 받아먹으며, 마치 이곳이 내 무대인 것처럼 여유로운 척 걸어갔다.

시장 골목 끝에 가자 젊은 여성 셋이 운영하는 가게가 눈에 들어왔다. 여름에 한국에서도 입을 수 있는 무난한 디자인의 티셔츠 두 장과 파인애플, 코끼리가 그려진 반바지 세 장을 골랐다. 그리고 시작된 인생 최대의 도전, 바로 '흥정'을 하기 시작했다.

계산기를 두드리는 여성이 350.000동을 제시한다. 아내는 급하게 배운 베트남어, '너무 비싸요, 깎아주세요'라는 뜻의 '막 꾸아 잠 자 디'를 소심하게 떨리는 목소리로 읊조려 보았다. 그러자 그녀는 난감한 표정으로 330.000동을 제시하며, "언니, 맥시멈~" 하고 웃었다. 아내는 밝은 얼굴로 "오케이"를 외치고 지갑을 열었다.

우리는 1,000원을 깎았을 뿐인데, 마치 나라 간 무역전쟁에서 큰 승리를 거둔 것처럼 기뻤다. 베트남 돈의 단위가 클 뿐이지 한국 돈으로 환산하면 소소한 금액이었음에도 불구하고 말이다. 결국 티셔츠 두 장과 반바지 세 장을 16,500원에 득템한 우리는, 흥정의 세계에 첫발을 디딘 기분이었다. 아, 이

부끄러운 승리감이란!

야시장에서의 하루를 마치고 리조트로 돌아와, 마트에서 산
간식을 먹으며 '미스터 션샤인'을 보며 하루를 마무리했다. 이
국적인 풍경, 맛있는 음식, 그리고 손짓 발짓을 동원한 흥정이
라는 소소한 모험까지. 유진 초이와 애기씨의 목소리와 함께
잠이 드는 그 순간, 반짝이는 평범한 하루가 지나갔다.

푸꾸옥의 일상은 미소처럼

오늘은 우리가 눈이 내리던 운현궁에서 결혼한 지 딱 19년이
된 날이다. 의도한 건 아니지만, 우리는 이상하게도 이맘때면
항상 어디론가 여행을 떠나 있었다. 이번에도 역시 푸꾸옥에
서 아침을 맞이했다. 키 큰 딸 녀석까지 셋이서 말이다.

아침부터 수영장에 풍덩 뛰어들 생각이었는데, 오늘따라 수
영장 청소가 길어져서 조식 후에 동네 탐방을 하기로 했다. 빈
버스를 타면 금방이지만 걸어가며 분위기도 느끼고 우리가
반할 만한 분짜와 반미를 찾아보자고 했다.

길을 나서니 베트남의 아침은 벌써부터 후끈후끈하다. 더위를 무시하거나 간과해선 안 된다. 날씨가 여행에 상당한 영향을 미치는 요소임을 알고 있어야 한다. 피로도와 기분에 상당한 영향을 미치기 때문이다.

이곳 사람들은 자신의 온몸을 감싼 채 오토바이를 타고 이동한다. 햇볕이 너무 강렬해서, 아무래도 이 햇살을 모두 맞으면 태양과 키스한 것처럼 먼지가 되어 사라질 것만 같다. 우리는 킹콩마트 표 양산을 펼치며 이동식 그늘을 만들어 천천히 걷기 시작했다.

길을 걷다 보면, 아침 일찍부터 길거리에서 판매하는 반미와 바나나 잎에 싼 찹쌀밥인 쏘이, 분짜를 만날 수 있다. 간단하게 아침을 해결하는 사람들의 모습을 볼 수 있었다. 그리고 그중에서도 우리의 시선을 사로잡은 것은 푸근한 인상의 반미 아주머니.

눈빛, 그것은 인간이 가진 제3의 언어와도 같은 느낌이다. 우리는 말로 표현하지 않아도, 눈을 통해 수많은 이야기를 나눈다. 어쩌면, 우리가 매일 가장 말을 많이 하고, 가장 많이 듣는 것이 바로 눈일지도 모른다. 어느 때는 말 없는 고백이 되고,

가장 진솔한 대화가 된다. 눈빛은 또한 위로가 될 수 있다. 말로는 위로를 전달하기 어려운 순간에도, 따뜻한 눈빛 하나가 사람의 마음을 어루만져 줄 수 있다.

나는 지구를 여행하며 눈이 마주치는 모든 사람과의 찰나와도 같은 순간이 실은 믿어지지 않을 정도의 우연과 운명으로 이루어진 하나의 마법 같은 일이라고 믿고 있는 사람이다. 모든 만남이 우연이라는 말로는 설명할 수 없다는 걸 알고 있다.

이건 꼭 사야 한다는 운명 같은 느낌이었다. 여행자들이 거의 걸어 다니지 않는 거리에서, 우리가 반미를 사는 것이 조금은 어색해 보였는지도 모른다. 옆에 앉아 반미를 즐기고 있던 아주머니들이 우리를 보며 뭐라고 쉴 새 없이 말씀하신다. 그 순간, 반미 아주머니의 사진을 찍으려고 핸드폰을 꺼내자, 그분들이 더 신나서 아주머니를 부추기기 시작했다. 아주머니는 폰을 바라보며 브이를 해주셨다.

따뜻한 반미를 하나 포장하여 길을 걸으며 셋이서 나눠 먹었다. 반미를 한 입 베어 물자, 아내와 나는 서로의 눈빛만 봐도 그 맛을 알 수 있었다. "이거 진짜 맛있는데?" 아내가 말했다. 나는 고개를 끄덕이며 웃음을 지었다.

이 반미는 단순한 반미가 아니라, 반미 맛의 정점을 찍은 반미
이다. 닭고기와 간장 베이스의 양념이 된 돼지고기, 상큼한 오
이, 아삭한 양파, 그리고 내 사랑 고수와 알싸한 고추가 어우
러진 바게트 주머니. 정말 이보다 더 알찬 주머니가 있을까 싶
다. 이렇게 맛있는 음식이 단돈 1,000원이라니, 마치 세상의
모든 것이 아름다운 듯한 기분이 들었다.

킹콩마트까지의 거리는 1.9km에 불과하지만, 천천히 걸으
며 주변을 구경하다 보니 한 시간이나 걸렸다. 오전 10시쯤
도착한 킹콩마트는 저녁때와는 달리 한산한 분위기였다. 여
행의 마지막 날 기념품을 사려는 관광객들은 보통 저녁 시간
에 방문하기 때문에 붐빈다는 것을 알게 되었다. 우리는 필요
한 물품 몇 가지와 모기 연고를 사고, 환전도 할 겸 옆에 있는
GOOD & GOOD 환전소에 들렀다. 공항에서와는 달리, 여
기서는 $100에 2.440.000동을 쳐주었다.

환전에 관해 말하자면, 첫날 공항에서의 환전은 $100에
2.270.000동이었는데, GOOD & GOOD 환전소에서는
2.440.000동으로, 170.000동(8,500원) 차이가 난다. 그렇게
큰 차이는 아니라는 것이다. 이 소소한 팁이 여행 초반에 환전

소를 찾아 헤맬 필요 없이, 정신적으로도 도움이 될 것이라고 생각한다. 첫날은 모든 것이 낯설고, 더운 날씨에 환전소를 찾아다니는 수고를 이런 방식으로 조금이라도 줄일 수 있다면, 그것도 나름의 여행 팁이 될 것이다.

환전소에서 받은 돈을 확인하고, 동지갑에 차곡차곡 넣은 후, 우리는 바로 옆에 있는 과일가게로 향했다. 동남아에서는 뭐니 뭐니 해도 '두리안'이 특이한 음식의 대명사다. 냄새를 이겨내는 용감한 자들만이 맛볼 수 있는 특별한 과일 같다. 무게에 따라 값이 올라간다. 두리안 한 개를 고르는 나, 이 무거운 것이 내 삶의 무게인 양 심각하게 무게를 달아보았다.

3kg 조금 넘는 녀석을 224.000동에 고르고 나니, 아주머니가 그 두꺼운 껍질을 순식간에 까서 하얀 알맹이만 깔끔하게 포장해주셨다. 냄새를 맡아보니, 사람들이 말하는 그렇게까지 이상한 냄새는 아니다. 아니, 나의 후각이 이미 휴가 모드로 들어간 것인가?

온도가 서서히 올라가는 것이 느껴지는데, 이곳 거리엔 노상 카페들, 매장 카페들이 가득하다. 우리는 Hong Si coffee라는 곳에서 잠시 쉬기로 결정했다. 그 '홍시'가 우리가 아는 그

홍시인지는 모르겠지만, 이름만으로도 반갑다.

여행지에서의 메뉴 선택은 마치 무인도에 남겨진 사람이 구조 신호를 보내는 것처럼 중요한 일. 코코넛 커피 두 잔과 멜론 소다를 주문하고, 동굴 같은 안쪽을 지나 바깥 테이블에 자리를 잡았다.

안쪽에는 아저씨들이 테이블을 하나씩 점령하고 뭉게뭉게 구름과자를 열심히 만들고 있었다. 밖에서 보면 평온해 보이지만 한 발자국만 들여놓으면 후각이 극렬한 고통을 호소하게 된다. 바쁘게 돌아다니는 오토바이들을 바라보며 마시는 코코넛 커피는 달달했다.

길을 나서니 저 앞이 꽤나 소란스럽다. 초등학생들이 마중 나온 부모님의 오토바이를 타고 하교하는 모습은 이 더운 나라의 일상이다. 아이들의 행복한 웃음소리가 이곳의 열기를 잠시 잊게 해준다. 학교 앞 아이스크림 판매 오토바이 아저씨는 아이들의 영웅처럼 보인다. 아이스크림을 핥아먹는 아이의 행복한 표정은 아이스크림만큼 달콤했다.

젊은 남자들이 모여드는 식당을 발견하고, 우리도 발걸음을 멈추고 탐색해본다. 분짜를 먹는 사람들 사이로 우리도 일 인분을 포장해 가져간다.

저녁거리를 손에 든 채 리조트로 돌아가는 길, 우리는 과일 가게에서 아보카도, 망고 스무디, 코코넛을 주문한다. 여기서 만난 사람들은 마치 오래된 친구 같은 편안함을 준다. 더운 나라의 여유로운 모습들, 그리고 누워있는 개들까지, 모든 것이 이국적인 풍경 속에서 평화로운 하루를 마무리한다.

푸꾸옥의 길거리에서 만난 개들은 처음엔 경계의 대상이었으나 이제는 이곳의 일부로 느껴진다. 무더위 속에서도 각자의 길을 가는 이들과 나, 우리 모두는 이 순간을 즐기고 있다. 이렇게 두리안의 냄새와 함께, 푸꾸옥의 작은 이야기들은 나의 여행 기억 속에 한 페이지를 장식한다.

19년째를 맞이하는 우리의 결혼기념일. 우리는 여전히 서로의 최고의 짝꿍이다. 장난과 웃음 속에서 우리는 서로를 더 깊이 이해하고 사랑하게 되었다. 오늘처럼, 우리의 삶도 언제나 흥미롭고 즐거움으로 가득 차길 바란다. 아내와 딸을 보며 이런 생각을 했다. 인간이 가진 것 중에서 나이 들지 않는 것은 바로 웃음과 사랑이라고.

오늘은 특별히 어제 발견한 분짜 맛집에 가서 먹을 계획을 가지고 있다. 그 맛집은 오전부터 점심까지만 영업한다 하니, 아침 일찍 길을 나서기로 한다.

골목길을 걸어가다 보니 과일 가게 옆에 작은 빨래방이 있다. 여행 중 빨래는 항상 골칫거리인데, 이곳에 빨래를 맡겨보기로 한다. 우리의 빨래는 3.4kg에 51.000동. 생각보다 저렴해 가성비 극강의 선택이 될 듯하다. 영수증에 오후 5시까지 찾으러 오라고 써준다. 여행의 팁이자 매력은 이렇게 예상치 못한 곳에서 발견되기 마련이다.

리조트에서 분짜 가게까지는 걷기 좋은 거리다. 건강과 식사 두 마리 토끼를 다 잡는 셈이다. 가게에 도착하자 주인아주머니가 반갑게 우리를 알아보고 맞이한다. 이곳의 분짜와 반꾸온은 이미 우리 가족의 마음을 사로잡았다. 이국적인 맛의 향연 속에서 아내가 아침에 알아본 호찌민에 대한 이야기를 풀어놓는다. 베트남 동화폐에 그려진 독립운동가의 얼굴이 오늘따라 유독 위대해 보인다.

분짜의 맛은 진정한 베트남을 맛보는 것 같아 감탄이 절로 나온다. 베트남 최고의 분짜집이란 느낌마저 들었다. 이 가격에 이 맛을 내기란 불가능에 가깝지 않을까 싶다. 숯불에 구운 돼지고기와 완자, 그리고 베트남 특유의 향채가 어우러진 맛! 따뜻할 때 먹는 분짜가 진짜였다. 돼지고기와 완자는 짭짤 달콤하고 얇게 썬 파파야와 당근, 고수가 베트남 특유의 맛을 내고 있었다. 같이 제공되는 채소 바구니에는 양상추, 깻잎, 고수, 숙주가 들어있었다. 가격도 놀라울 정도로 저렴해 한국 돈으로 2,500원이라니, 이건 거의 사랑의 가격이다.

반꾸온은 쌀가루로 만든 피에 돼지고기, 목이버섯, 샬롯 등을 넣어 쪄낸 음식이다. 가벼운 만두를 먹는 느낌이다. 다이어트

만두가 아닐까 하는 생각이 들 정도로 산뜻하다. 먹는 내내 감탄을 연발하며 우리 가족은 만족스러운 식사를 할 수 있었다. 이 집은 아무래도 우리 가족의 앞으로 매일 한 끼를 책임질 것 같다.

식사 후에는 항상 그렇듯 간식 타임. 오늘의 선택은 반미. 반미를 주문하고 기다리는데 어떤 여학생은 도시락에 무언가를 담아서 가지고 갔다. 아주머니에게 이름이 뭐냐고 물으니 '싸오'라고 한다. 쌀국수에 계란, 돼지고기, 숙주 등을 넣어 볶아 주는 것 같았다. 다음엔 새로운 음식에 도전해 보기로 하고 다 만들어진 반미를 들고 빈버스 정류장까지 걸어 올라간다.

빈버스를 타고 야시장에서 내려 항구로 향한다. 바다의 여신을 모신 진꺼우 사원, 바람과 파도의 소리가 어우러지는 그곳에서 잠시 시간을 멈추고 싶다. 그러나 베트남의 뜨거운 태양 아래에서는 카페로 피신하는 것이 최선의 선택이다. 덥고 덥고 덥다. 망고 스무디 한 잔의 여유로움이 이 여행의 또 다른 풍경이 된다.

푸꾸옥 거리를 걷다 보면, 초록색 빈버스는 정말 오아시스 같은 존재다. 관광객들이 가격을 물을 때마다 '올 프리'라는 기사님의 대답을 들은 사람들은 행복해하며 버스에 올라탄다.

여행에서 주요 관광 거점에 무료 셔틀버스가 다닌다는 것은 축복에 가까운 느낌이다. 낯선 거리에서 렌터카를 이용하는 것은 긴장감이 높다. 버스 번호를 찾아가며 다니는 것도 마찬 가지고. 그런데 무료로 10분마다 버스가 다니다니. 길을 가다 가 올라타기만 하면 되는 것이다.

리조트로 돌아오자마자, 나는 올림픽 수영선수처럼 수영장으로 질주했다. 바깥은 불지옥 같지만, 물속은 나의 구세주처럼 시원했다. 열화상을 입은 것만 같은 내 어깨와 딸의 붉어진 피부에 서로가 세심하게 썬크림을 듬뿍 발라줬다. 이 모습이야말로 진정한 가족의 사랑이 아닐까. 그리고 땀범벅의 러시아 청년이 샤워도 하지 않고 수영장에 뛰어든 모습을 보며, 우리는 자연스레 밖으로 나와 샤워를 하고 오후의 낮잠을 즐기기로 했다. 이것이 바로 휴양지에서의 우아한 퇴장법이다.

푸꾸옥의 망고는 진정한 과일의 왕이다. 매일 그 달콤함에 빠져서 망고만을 찾게 되었다. 그러나 가장 궁금했던 두리안은, '냄새의 제왕'이라는 명성답지 않게 왜 그리 냄새가 없는지, 혹시 잘못 고른 건 아닌지 의구심이 들었다. 망고스틴은 개별 포장된 듯 귀여운 선물처럼 껍질에 싸여 있었고, 남부탄은 작은 성게를 연상시키는 모습이었다. 이곳의 과일은 무지개 같은 다양함을 자랑한다. 하지만 코코넛은 생각보다 밍밍하다. 더위를 식혀줄 거라 기대했던 나에게 살짝 실망을 안겨주었다. 시원하게 마신다면 훨씬 맛이 좋을 것 같았다.

리조트를 나가는 길에는 커다란 두리안 나무들이 우리를 내려다보고 있다. 초록색 두리안이 주렁주렁 매달린 모습은, 어린 시절 동화책 속 한 장면처럼 신비롭다. 모든 것이 과일로 만들어진 나라처럼 바나나, 망고, 두리안, 코코넛 이런 과일들이 길가에 그냥 자라난다. 두리안 서리를 꿈꾸기도 했지만, 나무가 워낙 커서 그 꿈은 금방 사라졌다.

한국에서도 좋아하던 G7 커피에 이어 베트남 커피에 대한 내 기대는 하늘을 찔렀다. 코코넛 커피, 에그 커피, 루왁 커피까지. 이곳에서 맛보는 커피는 카페인에 감전이 되는 듯한 강렬한 느낌을 주었다. 아주 아주 쓰고 아주 아주 달다.

푸꾸옥은 아무래도 음료와 맥주를 자주 마시게 되는데 더운 나라답게 에일 종류가 인기가 있고 맛있다. 사이공 비어는 가장 인기 있는 맥주로 청량감과 쌀의 풍미가 느껴진다. 333맥주 역시 청량감이 뛰어나며 고소한 풍미가 일품이다. 아내가 가장 좋아하는 맥주이다. 마지막으로 상표에 할아버지 그림이 있어서 할아버지 맥주라 부르는 드래프트 생맥주는 청량감과 부드러움을 겸비한 맥주이다.

그리고 안주! 푸꾸옥 땅콩은 맥주 안주로 최고였다. 거기에 망고 슬라이스는 그야말로 안주의 천국을 만들어 주었다. 땅콩, 오징어, 과일로 이루어진 안주는 이 더운 나라에서의 저녁 시간을 완벽하게 만들어 준다. 가볍게 주전부리하기에 이보다 좋은 것이 없다. 가격도 착해서 마음껏 즐길 수 있다.

푸꾸옥에서의 하루는 다채로운 맛의 향연과 같았다. 두리안 먹기 도전, 망고스틴과 남부탄의 달콤함, 그리고 각양각색의 커피와 맥주로 이루어진 청량한 경험. 이 모든 것이 푸꾸옥에서의 이야기다. 여행이 주는 가장 큰 선물은 아마도 이런 경험들일 것이다. 매일같이 새로운 맛을 발견하고, 때로는 예상치 못한 맛에 놀라고, 때로는 익숙한 맛에 안도하는. 이 모든 순간이 여행을 특별하게 만든다.

석양의 해돋이

세상에는 두 종류의 시장이 있다고들 한다. 하나는 불빛 아래에서만 꽃을 피우는 야시장이고, 다른 하나는 아침 햇살 아래에서 삶의 리듬을 맞추는 현지 시장. 쯔엉동 야시장의 화려함에 빠져본 지 삼일 만에, 우리는 조금 더 리얼한 베트남을 경험해보고자 현지인들의 쯔엉동 시장을 찾아 나섰다.

구글 지도를 따라, 우리는 한 다리를 건너야 했다. 베트남 국기를 단 작은 배들이 우리의 시선을 사로잡았다. 새벽녘에 어선에서 건져 올린 신선한 수산물을 사고파는 모습은 이곳이 관광지가 아닌, 삶이 숨 쉬고 있는 장소임을 알려주었다.

다리를 건너면 우리를 반겨주는 건 진한 비린내와 오토바이의 소리였다. 야시장에서의 호객 소리는 장난에 불과했다는 걸 알았다. 여기에선 생선, 고기, 과일, 채소가 저마다의 냄새로 경쟁하고, 오토바이를 타고 장을 보는 베트남 사람들의 삶의 활력이 그 어떤 호객보다 강렬하게 내 마음을 사로잡았다. 하지만 이러한 마음은 계단을 내려가자마자 바뀌게 된다.

그도 그럴 것이 바쁘게 빠른 물결처럼 움직이는 오토바이 흐름에, 주위를 두리번거리며 걷는 우리의 느린 걸음은 방해를 하고 있는 꼴이었다. 한적하게 돌아보는 곳이 아니라 치열하고 뜨겁고 빠르게 흘러가고 있는 삶의 강 같은 현장이었다. 정말 푸꾸옥의 살아 있는 생생한 모습이다.

두리안이나 망고스틴 같은 열대 과일을 집어 들 생각은 이미 사라지고, '여기서 살아남아야 해'라는 생각만이 머릿속을 가득 채웠다. 목숨이 남아나지 않겠다, 정도는 아니지만 냄새와 소리와 분위기가 압도적으로 강렬하게 다가왔다. 우리는 오토바이 행렬 사이를 빠져나오는 데 급급했다.

호기롭게 쯔엉동 시장을 방문한 우리는 결국 아무것도 사지

못하고 빈손으로 터덜터덜 걸어오다 우리 동네의 눈이 예쁜 아주머니가 운영하는 SUNNY에서 망고 스무디 세 잔을 주문하고 한 모금씩 마시며 다시 평화를 찾아갈 수 있었다.

매일 아침 우리를 반겨주던 주스 가게 아주머니와의 작은 변화에서 우리는 이곳 사람들과 조금씩 가까워지고 있음을 느꼈다. 처음엔 서로에게 조심스러웠지만, 시간이 흐를수록 따뜻한 인사가 오가기 시작했다.

리조트에서도 매일 우리를 따뜻하게 맞아주는 직원들, 그리고 리조트 정원을 가꾸시는 사장님에게 고마운 마음을 전할 수 있었다. 베트남어로 간단히 감사의 메시지를 전하니, 사장님은 고개를 끄덕이며 화답해주셨다. 사장님과 사모님의 친절함은 우리가 이곳에서 느낀 작은 행복 중 하나였다.

관광객이라면 대부분은 여행지에서 깨끗한 환경, 멋진 인테리어, 인스타그램에 올릴 만한 멋진 각도, 친절한 서비스를 찾곤 한다. 물론 이런 요소들도 여행의 즐거움 중 하나지만, 푸꾸옥에서의 경험은 이러한 표면적인 즐거움을 넘어서는 것 같다.

푸꾸옥의 매력은 이곳 사람들에게 있다. 그들의 선한 인상, 소소하지만 진정성 있는 친절이 우리에게 깊은 인상을 남긴다. 이곳에서의 만남은, 오래된 친구와의 재회 같은 포근함을 준다. '응답하라 푸꾸옥'같은 느낌. 여행의 진정한 가치는 때로는 그 장소에서 느낄 수 있는 인간적인 온기에서 찾아질 수 있지 않을까?

이날 저녁 식사는 동네 식당에서 하기로 했다. Benz's Eatery라는 곳인데, 구글 평점이 패션쇼의 점수판처럼 극과 극을 달리고 있었다. 하지만 대체로 맛있다는 평이 지배적이라, 그 불확실한 확신을 가지고 도전하기로 했다. 평점을 보는 것 자체가 취미가 될 정도니 말이다. 요즘은 구글 번역기 덕에 세계의 모든 불평이 내 손안에 있으니, 식당 사장님의 답변을 보는 것도 한 재미다.

식당에 들어서자 메뉴가 얼마나 다양한지 감탄했다. 메뉴판을 넘기는 것만으로도 배가 부른 것 같았다. 고민끝에 우리는 망고 그린 샐러드, 바라쿠다 생선구이, 똠얌꿍, 에그파스타를 주문했다.

망고 그린 샐러드는 아직 익지 않은 망고를 사용해 만들었다.

이런 방식으로도 망고와 친해질 수 있다니. 망고는 익으나 안 익으나 다 맛있는 과일이었다. 똠얌꿍은 여행 갈 때마다 어디서든 시키는 기본 메뉴였는데, 이곳의 똠얌꿍은 바다가 직접 그릇에 올라온 듯 싱싱했다.

딸이 고른 에그파스타는 본격적으로 한국의 어머니 손맛을 느끼게 해주었다. 세상에, 이렇게 고소하고 양이 푸짐한 파스타가 다 있나 싶었다. 식사를 마치고 계산을 하려는데, 주방장님이신 듯한 분이 우리를 보고 물으셨다. "코리안?" 그 물음에 우리는 밝게 웃으며 사진 한 장을 남기고 가게를 나섰다. 이곳, 분명 다시 오게 될 것 같다.

식사 후 계산서를 받아보니 우리 돈 18,000원. 분명 네 가지 메뉴였다. 한국의 우리 동네 김치찌개 가격을 생각하니 웃음이 나왔다. '아, 내 작은 위장이여, 네가 원망스럽구나!' 하루 최대 용량이 두 끼 정도인 우리는 눈물이 나올 것만 같았다.

식사를 마치고 바닷가로 향했다. 해가 지는 해변가를 걷는 건 정말 로맨틱하고 아름답고 사랑스러운 일이다. 어디에 있건 해 질 녘은 손을 잡고 걸어야 한다. 그렇게 걷다 리어카에서 과일을 파는 아저씨를 만났다. 두리안이 얼마냐고 물으니 아저씨는 맛있게 익은 두리안을 자랑스레 보여주었다. 우리는 노랗게 익은 두리안을 사서 해변으로 걸어갔다. 이번 두리안은 정말로 잘 익었다.

모래사장에 앉아 노을을 바라보며, 우리는 특별한 일정 없는 여행의 행복을 느꼈다. 노을을 바라보고 있자니 시간이 멈춘 듯했다. 어쩌면 아름다운 순간은 시간을 초월하는 무언가가 있는 것은 아닌가 생각했다.

바다의 물결 위로 퍼지는 색채를 보다 아내는 모네의 '해돋이'를 실제로 보게 됐다고 말했고, 딸은 '사랑해'라는 말로 내 마음을 뭉클하게 만들었다. 그 감동은 말로 표현할 수 없을 것 같다. 평범한 듯하지만, 그 속에 깊은 의미와 연결된 순간이었다.

푸꾸옥의 풍경은 마음 한편을 울리는 멜로디 같다.

바닐라빛 하늘 아래

빈버스를 타기로 한 그날 아침, 푸꾸옥은 3월답게 맑고 투명한 하늘을 자랑했다. 이곳의 건기는 세상의 모든 맑음을 담아둔 것처럼 매일을 쨍하고 화창하게 물들였다. 여행객들은 주로 그랩을 이용해 이곳저곳을 옮겨 다니지만, 우리는 조금 다르게 가보기로 했다. 무료 셔틀 버스인 빈버스 17번을 타고 푸꾸옥의 끝자락, 그랜드월드까지 모험을 시작하기로 한 것이다.

이곳을 알아보다 보니, 빈펄 사파리와 빈원더스는 꼭 가봐야 할 명소로 꼽혔다. 이 거대한 공간을 하루에 다 볼 수 있을까 하는 의문이 들었다. 더군다나, 매일 32도를 웃도는 날씨에 돌아다닌다는 것은 마치 사막에서 물 없이 살아남기를 하는 것처럼 무모해 보였다.

그럼에도 불구하고, 우리는 모험을 시작했다. 내심 양산을 믿고 있었기 때문이다. 리조트에서 그랜드월드까지는 한 시간이 조금 넘게 걸린다. 버스 안에서 바라보는 푸꾸옥의 풍경은 영화 한 편을 보는 듯했다.

푸꾸옥은 어디를 가든 사람이 많았다. 한국은 지방 인구 소멸을 걱정하고 있다. 도심도 인구가 몰리는 스팟을 제외하면 한적한 편이다. 그런데 푸꾸옥은 섬임에도 사람이 많았다. 더구나 대부분이 젊은 사람들이어서 경이로울 정도로 놀라움을 주었다. 어디를 가든 사람들에게서 전해지는 에너지가 충만했다.

쯔엉동 야시장을 지나고, 예전 비행기 활주로를 버스로 질주하는 순간은 시간여행을 하는 기분이었다. 약간 환상적인 기분도 들었다. 활주로를 달려본다는 게 흔한 경험은 아니니까. 재난 영화에서처럼 무언가에 쫓기다 텅 빈 활주로를 날아오르는 비행기 안에 있는 기분을 느끼게 해 주었다. 폐쇄된 공항

안에서는 과일과 채소를 파는 사람들을 볼 수 있었는데, 이것이 바로 푸꾸옥의 일상이었다.

오전의 햇살 아래에서 그랜드월드를 거닐기 시작했을 때, 대나무로 만들어진 구조물이 눈에 띄었다. '대나무의 전설'이라는 이름이 붙은 이 구조물은 시원함과 안락함을 동시에 선사했다. 대나무로만 이루어진 그 공간은 베트남을 상징하는 대나무, 연꽃, 청동 북을 모티프로 삼은 디자인으로 베트남의 정체성을 대변하는 듯한 모습이었다.

구조물의 오른쪽에 위치한 띤호아 공연장에서는 베트남 전통문화를 엿볼 수 있었다. 오후 4시가 되면 여기서 공연이 열린다고 한다. 전통의상 아오자이, 모자인 농라, 다양한 전통 다기들이 전시되어 있어 공연 없이도 눈이 즐거웠다. 이른 오전 시간에는 사람이 없어서 사진 찍기에도 그만이었다.

왼쪽에는 현대 동남아 예술품들이 전시된 공원으로 감각적인 베트남을 느낄 수 있는 공간으로 꾸며져 있었다. 가족 단위의 관광객들이 특히나 좋아할 이곳은 아기자기하고 예쁜 사진을 남기기에 충분했다.

그랜드월드 내부로 들어서자, 수로 양옆으로 펼쳐진 유럽풍 건물들이 인상적이었다. 1층은 상점들로 채워져 있었지만 2층은 다소 고요한 편이었다. 낮에는 조용하지만 밤이 되면 이곳은 완전히 달라진다. 수상택시도 탈 수 있고, 분수 쇼도 볼 수 있다니 낮과 밤의 이중생활을 하는 곳이 바로 여기였다. 하지만 더위에 지친 우리는 밤까지 버틸 수 없었다.

빈버스를 타고 돌아오는 길, 우리는 이제부터 여행 일정을 오후에 맞추기로 했다. 오후 2시를 정점으로 열기가 내려오다 4시쯤 그늘에 시원한 바람이 불어온다. 12시에서 2시 사이에는 열기를 피하는 것이 좋아 보였다. 필요한 것들은 오전에 미리 준비하고, 오후에 여유롭게 관광을 즐기는 것이 최선의 방법이었다.

킹콩마트 근처인 존스투어 정류장에서 내린 후, 안바카페로 향했다. 내부 수리 후 재개장한 이 카페에서 베트남 커피와 망고, 코코넛 아이스크림을 즐겼다. 빈버스를 타고 다니며 보는 베트남 아저씨들처럼, 우리도 그늘에 앉아 커피를 마시며 시간을 보냈다. 힘들고 지친 표정으로 쓰러지듯 비스듬히 앉은 포즈였다. 체감온도 38도를 웃도는 푸꾸옥의 오후에 그들처럼 시간을 보내지 않고는 배길 수 없었다.

푸꾸옥의 태양 아래, 안바카페에서의 경험은 우리에게 명확한 진리 하나를 선사했다. 그것은 바로 우리 리조트 골목 과일 가게의 망고 스무디가 이 세상 어떤 음료보다도 뛰어나다는 사실이다. 물론, 분위기를 살린다는 명목하에 안바에서의 소비는 어느 정도의 가격 인상을 정당화할 수 있겠지만, 결국 우리 마음속 진정한 승자는 골목의 망고 스무디였다.

길을 걷다가 선풍기 날개만 한가득 싣고 다니는 아저씨를 보았다. 선풍기 날개만 파는 오토바이 아저씨는 고물상의 요정 같았다. "선풍기 날개 있어요!"하는 그의 목소리는 베트남의 일상을 노래하듯 반복되었다. 그리고 그 순간, 안바카페의 나무 기둥에 매달린 선풍기가 떠올랐다. 그 선풍기는 앞으로도 날개만 갈아 끼우며 영원히 돌아가고 있을 것만 같았다.

안바카페를 나선 우리는 킹콩마트라는 개미지옥을 무심히 지나칠 수 없었다. 푸꾸옥에 온 지 일주일도 채 되지 않았는데 이미 손톱깎이가 필요할 정도로 적응해 있었다.

킹콩마트에 할아버지 생맥주는 그날의 행운의 상징처럼 다량으로 남아 있었다. 보통 이 맥주는 인기가 너무 좋아 잘 없다는데, 오늘은 아직 많이 남아있었기 때문이다. 그 외에도 베트남 진미채와 우리 저녁을 책임질 베이커리, 두리안 요플레도 함께 샀다. 모든 것을 담고 나니 23,000원이었다! 쇼핑을 마친 후, 가벼운 발걸음으로 빈버스에 올라 리조트로 향했다.

골목의 과일가게 SUNNY에는 이미 많은 손님이 붐비고 있었다. 사람들은 언제나 맛있는 것에 몰려드는 법. 우리는 그날 밤 망고 스무디와 함께 333맥주를 마시기로 했다. 15.000동, 한화로 750원, 이 맥주를 안 마실 이유 따위 단 하나도 없다.

여행이 며칠 지나니 약간의 노하우가 생기고 있었다. 여행에 필수적인 트래블 월렛 카드는 바로 현금을 충전해 체크카드처럼 사용할 수 있고 ATM에서 바로 동인출을 할 수도 있는 신의 한 수였다. 킹콩마트나 안바카페, 식당에서는 모두 이 카드를 받았고, 수수료는 거의 걱정할 필요가 없었다. 하지만 현지식당이나 주스 가게에서는 현금이 필요한 곳이 있어 환전을 위해 $100짜리 신권을 준비하는 것이 좋아보였다.

밤 외출을 준비하는 데 모기 기피제는 필수. REMOS 기피제를 뿌리고 나면, 모기들은 우리를 피해 도망치듯 사라졌다. 가까이는 다가오지만 피부에 착륙은 하지 않는다. 이처럼 푸꾸옥의 하루는 소소한 발견과 작은 기쁨으로 가득 차 있었다. 우리가 애정하는 망고 스무디부터 밤하늘을 수놓는 별빛까지, 모든 것이 살아있는 이야기처럼 느껴졌다. 이 작은 섬에서의 생활은 동화처럼 흘러가고 있었다.

이모네 분짜가게

어젯밤, 우리는 분짜의 마력에 사로잡혀 스테인리스로 된 작은 양동이를 킹콩마트에서 3,000원에 건져왔다. 그럴 수밖에 없는 이유는 이 식당은 오전까지만 영업을 하고, 아침을 리조트에서 먹는 우리는 이 집 분짜를 어떻게든 저장해 놓아야만 했던 것이다.

마치 그 양동이가 우리의 분짜 운명을 바꿀 열쇠인 양, 거리를 나섰다. 매일 아침, 분짜를 위해 집을 나서는 우리는 어떤 거룩한 의식을 치르는 순례자와도 같다. 우리는 기도하듯 "분짜, 분짜, 분짜."라고 중얼거렸다. 아침 일찍 출발하는 길, 우리 단골 주스 가게의 귀여운 가족과 아침 인사를 나눈다. 그들의 웃음은 아침 해보다도 밝아 우리의 하루를 더욱 빛내준다. 나는 새삼 푸꾸옥 사람들의 인상이 너무나 좋다고 느낀다.

그리고 조금 더 걸으면 나오는 피자집 앞에 있는 오토바이 아줌마에게서 토토로 간식 같은 찰밥과 옥수수를 구입한다. 이른 아침 집밥을 함께하는 기분 때문일까? 이 순간만큼은 우리 모두가 하나의 큰 가족이 된 듯하다.

분짜 가게 Banh cuon bun cha Co Thu에 도착해 이 인분을 주문했다. 어제 구입한 그 스테인리스 양동이를 건네 드리자, 아주머니는 당황스럽지만 자신의 요리를 이렇게 양동이까지 들고 다니며 먹으려는 녀석들을 받아주시겠다는 듯 넉넉한 미소를 지어 주었다. 진지한 표정으로 소스와 완자, 돼지 숯불구이를 담고, 마늘과 고추도 아낌없이 더해주신다. 일주일 만에 우리는 그녀에게 '단골'이라는 영광스러운 칭호를 얻었다. 물론 눈빛으로.

평일에는 오토바이 위에서 분주히 주문하는 손님들이 많았지만, 일요일이라 그런지 오늘은 가족 단위의 손님들이 눈에 띈다. 옆 카페에서는 에그커피를 팔고 있었다. 분짜 한 그릇과

에그커피 한 잔의 가격이 같다는 사실이 새삼스레 놀라웠다.

베트남에서는 옆 가게에서 분짜를 사서 카페에 앉아 먹을 수 있다고 한다. 그래서인지 젊은 여자 한 명이 분짜를 주문하고 카페로 들어가고 있었다.

양동이를 들고 노래를 부르며 리조트로 돌아오는 길. 우리는 어제 사 온 바나나킥과 고구마깡을 주스 가게 아이들에게 선물했다. "땡큐~"라며 예쁘게 웃어주는 아이의 모습이 마냥 귀엽다. 남자아이는 눈이 크고 착하게 생겼다. 딸은 엄마와 너무 닮았다. 엄마도 귀엽고 딸도 귀여워, 둘이 나란히 있는 걸 보면 입가에 미소가 자연스레 퍼지게 된다.

우리의 푸꾸옥 최애 카페 SUNNY는 약간씩 멋지게 변하고 있었다. 가게 주위로 나무로 된 기둥과 천막이 설치되어, 거리의 카페가 더 아늑해졌다. 인테리어에 조금씩 변화가 생기고 있었다. 우리 때문이 아닐지라도, 이 작은 변화가 마음에 든다. 물론 강아지 두 마리가 내 발을 깔고 누워 있는 풍경에는 변화가 없다.

베트남 관련 서적에서 읽었던 '베트남 사람들은 외국인을 처음엔 경계하지만, 먼저 마음을 열고 다가가면 더없이 친절하다'라는 구절이 생각난다. 이제야 그 말이 진실임을 깨닫는다. 리조트로 돌아와 리셉션의 직원인 핑크에게 오늘의 분짜 사냥 이야기를 했더니 그릇이 필요할 땐 언제든지 말하라는 그녀의 말에 마음이 또 한 번 따뜻해진다.

푸꾸옥 사람들의 순수함과 푸꾸옥의 평화로움이 서로를 반영하는 것 같다. 사람과 자연이 닮아 있는 느낌이다. 비록 관광지라 해도, 여기저기서 소소한 친절을 경험하며 지내니 세상 어느 곳이든 좋은 사람들이 있다는 걸 새삼 느끼게 된다.

오후에는 바다 수영을 가기로 했다. 문만 열면 바로 앞에 수영장이 있지만, 바다에서 수영하는 맛은 또 다르니까.

롱비치로 향하는 길. 쯔엉동 야시장과 비교하면 여긴 거의 무인도 수준으로 한산하다. 길을 건너는 방법? 그냥 똑바로 걷기만 하면 된다. 주스 가게에서 당근 주스 두 개와 파인애플주스 한 개를 사서 마시며 천천히 걸었다. 그 주스들은 바다에 도달하기 전에 우리 손에서 사라졌다.

롱비치에는 머드 마사지를 제공하는 곳과 대형 리조트가 줄

지어 서 있었다. 프라이빗 비치 같은 느낌을 준다. 썬베드는 빌릴 수 있었지만, 우리는 코코넛 나무가 제공하는 프리미엄 무료 그늘을 이용하기로 했다.

푸꾸옥의 바다는 잔잔하고 수영하기에 안성맞춤이다. 물 온도는 적당히 따뜻하고, 파도는 거의 없는 편이었다. 리조트마다 수영장이 있어서 그런지 바다에서 수영하는 사람은 별로 없다. 그래서 더욱 한가롭게 물놀이를 즐길 수 있었다. 바닷물에 몸을 담그고 하늘을 바라보며 누워 있으면 모든 걱정이 사라진다.

바다에서 시간을 보내고 돌아와, 아침에 사다 놓은 옥수수, 바나나 코코넛 찰밥 쏘이, 분짜로 한 상을 차려 맛있게 먹었다. 옥수수는 그냥 옥수수가 아니라 찰옥수수였다. 푸꾸옥은 오토바이마다 맛이 다르고 새로운 경험을 제공하는 곳이다.

바나나 코코넛 찰밥 쏘이는 대단했다. 처음 먹어보는 맛이지만 삼삼해서 계속 먹게 된다. 베트남 요리는 간이 예술이다. 생선이 많이 잡히고, 그 생선으로 감칠맛이 극대화된 최상의 액젓을 만들기 때문이다. 소금? 간장? 이러한 재료와는 차원이 다르다.

쏘이는 크기가 작고 귀여워서 '이거 먹어봐야 얼마나 되겠어?'하는 생각을 하게 된다. 당연히 몇 개씩 먹게 된다. 그러고 나면 배가 얼마나 부른지. 쏘이의 위력을 실감하게 되는 것이다. 정말, 너무나 배가 부르다.

소화를 시키기 위해 킹콩마트까지 걷기로 했다. 밤에 보는 중부 여행자 거리는 낮과는 또 다른 매력을 발산했다. 식당들은 밤이 되어서야 길거리에 테이블과 의자를 깔고 손님 맞을 준비를 한다.

홍시카페는 예쁘게 등에 불을 밝히고, 생선과 닭을 구워주는 식당에는 손님들이 북적였다. 커다란 생선을 숯불에 구워 테이블 가운데 놓고, 가족들이 둘러앉아 먹는 모습, 할머니가 블루투스 마이크로 노래를 부르는 모습을 보며, 나도 모르게 박수를 쳤다.

밤이 깊어지는 거리를 더 내려가 보니, 젊은이들이 테크노 뮤직을 틀어놓고 동영상을 찍으며 춤을 추고 있었다. 그 흥겨운 리듬에 나도 모르게 어깨가 들썩이고 있었는데, 카메라가 내게 향하는 것 같아 황급히 자리를 떴다. '흥'하면 베트남 사람이었던가?

1만 6천 보를 걷고 나서야 작은 위장이 마침내 활동을 시작하는 것 같아, 한결 가벼운 마음으로 잠자리에 들 수 있었다. 베트남의 귀여운 찰밥 한 개가 얼마나 포만감을 주는지, 몸으로 알게 되었다. 귀엽다고 여러 개 먹었다가는, 나머지 하루를 움직일 수 없을 것 같다. 롱비치의 햇볕에 빨갛게 달아오른 어깨와 목을 알로에젤로 달래며 우리는 따끔하고 달콤한 잠에 빠져들었다.

바람부는 날에는 쯔엉동 시장에 간다

늦은 오후, 우리 가족은 쯔엉동 시장으로 향했다. 딸아이가 며칠 전 야시장에서 산 바지가 여름 바람처럼 가볍고 시원하다며, "아빠! 이거 정말 좋아. 몇 벌 더 사야 한다네!" 하면서 노래를 했다. 아내는 이미 그 바지에 매료되어 있었기에, 더 이상의 설득이 필요치 않았다. 그래, 우리 바지 사러 가자. 하지만 그 전에 트래블 월렛 카드로 수수료 없이 돈을 뽑을 수 있는 VP, TP 은행에 들러 현금도 좀 마련해야 한다며 계획을 세웠다. 아, 그리고 아내가 알아둔 쌀국수 맛집에서 늦은 점심도 먹기로 했다.

베트남에서는 꼭 사야 할 것들이 있다. 그중에서도 약국 쇼핑이 숨겨진 보물찾기처럼 흥미롭다. 특히, 킹콩마트 약국에서는 천국의 과일 GAC에서 추출한 눈 영양제 비나가를 판매한다고 한다. 걱? 처음 듣는 이름이었다. 의성어에 가까운 이름이라 전혀 감을 잡을 수 없었다. 걱이라는 과일은 망고, 파인애플, 바나나, 멜론이 한데 모여 파티를 벌이는 듯한 맛이 난다고 한다. 음, 설명을 들을수록 미궁에 빠져버린다. 그렇게 드문 과일이니 값도 그만큼 비싸겠지. 눈 건강에 좋다니, 한 번쯤은 구매해볼 가치가 있을 듯하다.

우리 딸아이가 사춘기라 얼굴에 여드름이 좀 올라왔다. 사춘기의 아이들은 여러모로 언제 터질지 모르는 작은 볼케이노 같다. 작지만 불똥이 튀는, 그래서 조심히 세심히 살펴야 하는 녀석이다. 근심걱정을 되는 한 덜어줘야 한다. 그래서 디페린 연고를 살 생각이다.

한국에서는 처방전이 있어야 살 수 있다는데 베트남에서는 그런 거 없이도 살 수 있다니 편리하다. 또, 비판텐 연고도 사기로 했다. 이건 아이크림으로도 사용할 수 있다고 하니, 우리 딸 뿐만 아니라 아내에게도 꽤 유용할 듯싶다.

숙녀분들이 준비하는 동안 수영장에 앉아 있었다. 숙녀분들은 참으로 준비할 게 많다. 썬크림, 머리단장, 드레스 업, 가방과 소지품 준비, 거울 앞에서 100번 정도 이리저리 돌아보기, 미소 짓기 등…….

우리 윗집에는 3일 전에 프랑스 노부부가 다 큰 자녀들과 여행을 왔다. 이분들, 대화를 정말 많이 한다. 우리 방이 1층이라 문을 거의 열어두는 편인데, 수영장 썬베드에서 하루 종일 책을 읽거나 이야기를 나누는 모습을 보게 된다.

할아버지가 주로 이야기를 하고, 젊은 남자는 대부분 듣기만 하는 것 같다. 프랑스어라 무슨 말인지는 모르겠지만, 억양과 뉘앙스로 볼 때 꽤 흥미로운 이야기를 하시는 것 같다. 확실한 건 그 목소리를 듣고 있으면, 이상하게도 잠이 쏟아진다는 것이다.

리조트 생활을 하다 보면 여러 사람과 마주치게 된다. 어제 밤에는 러시아 아저씨 네 명이 수영장 키즈풀에 앉아 러시아 노래를 부르는 모습이 인상적이었다. 음, 뭐랄까. 뭐랄까. 음, 정말 뭐랄까. 그들의 노래 소리는 밤의 스트레인지한 정취를 한층 더해주었다. 그들이 회사에서 함께 출장을 온 것인지, 아니면 여행을 온 것인지는 모르겠지만 그들의 모임에서는 항상 웃음과 노래가 흘러나왔다.

어린아이들을 데리고 온 젊은 부부들 사이에서는 익숙한 풍경이 펼쳐진다. 첫째 아이들은 대체로 책임감이 느껴지는 엄한 표정으로 부모님의 잔심부름을 하고, 둘째 아이들은 조금 더 자유분방한 모습을 보여준다. 이 모습을 보고 있노라면, 어느 나라건 가족이라는 공간 안에서의 역할은 비슷한 것 같다는 생각이 든다.

리셉션 테이블에 마주 앉아 책을 읽는 우리 딸을 바라보고 있으면 마치 시간이 손가락 사이로 스르륵 빠져나가는 것 같다. 딸아이가 아직 어렸을 때, 처음으로 마우이 바다를 보여줬던 그때가 눈앞에 아른거린다. 내 눈에는 그때 그 모습이 지금과 겹쳐 보인다. 아마도 이건 부모의 마음에서만 일어나는 일종의 착각일 거다.

청소년을 데리고 여행을 다닌다는 건, 예상외로 그 자체로 하나의 재미다. 가끔은 뚱한 표정을 지을 때도 있는데, 그건 불만이 아니라 자신만의 생각에 잠겨 있다는 의미다.

이제 아내보다 키도 한참 큰 딸이지만, 때때로 아직도 골든 리트리버 강아지처럼 귀엽게 굴곤 한다. 갑자기 "사랑해?"라며 물어보기도 하고, 뽀뽀를 요구하기도 한다. 만약 이 아이가 아들이었다면 어떤 기분일까? 솔직히 나는 딸이 더 좋다.

한낮의 태양이 조금씩 기세를 잃어갈 무렵, 우리는 쯔엉동 시장으로 향하는 버스에 몸을 싣는다. 쌀국수 맛집인 PHO SAIGON에 도착했는데, 아이고, 영업시간이 5시부터였다니. 우리의 타이밍은 우리가 어디로 가든 항상 조금씩 어긋나는 것처럼 느껴진다.

그래도 기다리는 시간을 아깝게 할 수 없어 쯔엉동 시장에서 바지도 사고, Kin cafe에서 시간을 보내기로 했다. 이 카페는 외관과 달리 안으로 들어가면 강가를 앞에 두고 있어, 오가는 배들을 구경하는 재미가 쏠쏠했다. 강가의 카페. 베트남의 정취가 은은히 살아 숨 쉰다. 작고 낡고 요란한 고깃배들이 유유히 물고기들처럼 강을 오르내리는 풍경은 푸꾸옥에서만 볼 수 있을 것 같았다. 잠시 쉬어가기에는 그만이었다.

인도 속담에 잘못 탄 기차가 때론 목적지에 데려다준다는데. 우리의 목적은 쌀국수였으나 우연히 들른 이곳에서 베트남의 정취를 느끼고 있다. 인도의 속담을 가만히 느껴보면, 우연으로 이루어진 삶의 정수가 들어 있는 속담이 아닐까 하는 생각을 하게 된다. 목적 지향적인 삶은 정말 우리를 목적지로 데려가 줄까? 그 목적지는 정말 우리가 가려던 목적지일까? 우리가 원하는 것은 진정 우리가 원하는 것이며, 그것을 얻었을 때 우린 진정 무언가를 얻은 것일까?

그러고 보면 삶은 하나의 커다란 우연이 아닐까 싶다. 내가 세상에 나온 것도 그렇고. 여행도 그렇고. 그 속에서 목적을 지향한다는 것은 언뜻 모순 같기도 하다. 목적이 삶에서 중요하게 존재하면 목적지에 도달하지 못하면 실패고, 옆길로 가면 낭비가 되며, 멈추면 실수가 되어버린다. 목적지 이외의 모든 것을 무마해 버린다. 목적지는 어쩌면 우릴 기다리고 있는, 가야만 하는, 진정한 장소는 아닐지도 모른다는 생각을 했다.

삶의 목적은 어디에도 없다. 무언가를 이루고, 얻고, 도달한다고 해도 얻을 수 없다. 삶 그 자체가 하나의 커다란 목적이기 때문이다. 우리의 삶은 어딘가로 도달하는 여정이 아니라, 하나의 커다란 목적지인지도 모른다.

드디어 다섯 시. 퍼 사이공의 셔터가 열리고, 우리는 난생처음

오픈 런을 하게 되었다. 로컬 쌀국수집의 분위기가 물씬 풍기는 가게 안에서 갈비 쌀국수와 스페셜 쌀국수를 주문했다. 큰 갈비가 3대나 들어있는 갈비 쌀국수와 소고기가 듬뿍 들어간 스페셜 쌀국수는 보는 것만으로도 행복했다. 한 입 먹어보니, 진한 국물 맛이 영락없는 갈비탕이었다.

이후, 가려고 했던 인출 수수료 무료인 VP, TP 은행 대신 수수료가 적은 쯔엉동 시장 앞에 있는 Agribank ATM에서 돈을 뽑았다. 2.000.000동 인출 수수료는 22.000동. 이왕이면 저렴한 곳을 찾아야 하니까. 이 시간이 근처 학교의 하교 시간과 겹치면서 도로는 오토바이로 아이들을 데리러 온 부모들로 북적였다.

이 광경은 참으로 장관이었다. 아이들이 쏟아져 나오면 그 수많은 아이를 기다리는 수백 대의 오토바이들이 차례대로 파도처럼 밀려왔다 빠져나간다. 도로에는 강물처럼 차와 오토바이들이 쉼 없이 흘러가고. 그 틈에서 반미 오토바이, 간식 오토바이, 장난감 오토바이. 그 틈의 틈에서 행인과 관광객이 흩어졌다 모였다 하면서 엄청난 파장을 일으킨다. 한참을 서서 이 광경을 구경하고 나서야 우리는 버스에 다시 몸을 실었다.

킹콩마트에서 약국 쇼핑을 마치고, 리조트로 돌아오는 길에는 주스 가게에서 망고를 구매했다. 이곳 망고는 왜인지 모르게 과즙이 더 풍부했다. 어쩌면 이 망고는 집에서 정성껏 키운 망고가 아닐까 싶을 정도였다.

처음엔 망고 껍질을 벗길 줄도 몰랐다. 과육이 미끄러운 편이라 쉽지 않았다. 하지만 지금은 껍질을 벗기고 단 네 번의 손길로 망고 과육을 씨로부터 분리한다. 약간 넓은 바닥 면을 손바닥에 올리고 칼날을 씨의 표면에 비스듬히 바짝 붙여 아래로 쓸어내듯이 자르면 된다.

밤하늘에는 별이 모이고 우린 수영장에 모여 앉아 망고의 달콤함과 여행의 달콤함에 대해 이야기했다. 음식, 날씨, 온도, 사람들, 하늘과 바람, 파도와 노을, 동물과 모기, 도마뱀과 나비, 평소에는 하지 않는 이러한 주제들을 가지고. 이런 이야기를 하는 자체가 나는 평범하지만 믿을 수 없는 기분이었다.

모기들의 사랑을 많이 확인한 밤이 망고의 달콤함으로 깊어가고 있었다.

빈 원더스+띤호아=영혼 탈출

리조트의 아침은 작은 축제처럼 분주하다. 조식 시간이 되면 사장님부터 사모님, 그리고 전체 크루들 모두가 함께 움직인다. 마치 오케스트라처럼 각자의 역할에 맞춰 조화롭게 행동한다. 손님들이 주문한 쌀국수와 오믈렛은 주문이 들어오는 즉시 만들어져 나간다. 떨어진 음식은 순식간에 채워지고, 테이블 위의 빈 접시들은 바로 정리된다. 이곳의 조식은 화려하지 않아도 마음을 깨우는 순한 맛의 음식들로 가득하다.

베트남 음식이야말로 실패할 확률이 거의 없다는 걸 푸꾸옥에 와서야 깨달았다. 굳이 맛집을 찾지 않아도 된다. 어디를 가든지 실패 없는 맛의 향연이 기다린다. 우리는 매일 아침 그 날그날 가장 맛있어 보이는 음식들을 골라 조금씩 시도해보 지만, 모두 맛보기는 사실상 불가능하다. 조금만 먹어도 배가 금세 불러오기 때문이다.

건강한 조식을 마친 후 리셉션 테이블에 앉아 책을 읽거나 대 화를 하고 있으면, 언제나 사모님은 따뜻한 미소와 함께 과일 이나 튀긴 아몬드, 캐슈넛을 내어주신다. 나도 모르게 사모님 이라니. 가족적인 분위기의 따스함 때문인지, 마치 수영장 있 는 멋진 집에 하숙을 하는 기분이 들기도 한다.

정이 살아 있는 낭만의 시대를 지나는 푸꾸옥. 내가 초등학생 시절 1988년을 떠올리게 한다. 이곳은 '푸꾸옥 1988' 같다.

이곳에서 보내는 시간 동안, 가족 같은 회사의 의미를 새삼 느 낀다. 사장님과 사모님을 비롯한 크루들이 자신의 집을 청소 하고, 자신의 손님을 대접하듯 세심하게 배려하는 모습에서 큰 매력을 느낀다. 싱그러운 하루가 또 시작되고 있다.

푸꾸옥은 가족 여행객들에게 인기 있는 곳이다. 리조트 곳곳 에는 귀여운 아이들의 웃음소리가 가득하다. 이제 막 백일이나 지났을 법한 아기부터, 쪽쪽이를 물고 신나게 걸음마를 하는 아기까지 이들 모두가 리조트의 귀여운 손님이다.

크루들은 아기들을 특히나 좋아한다. 아기들이 보이면 너나 할 것 없이 까꿍 놀이를 하며 아기들을 즐겁게 해준다. 이런 모습은 단순히 서비스 정신에서 비롯된 것이 아니라, 진심으로 아기들을 좋아하는 마음에서 온다.

이런 따뜻한 분위기 속에서 아침을 시작하는 것은 하루를 기분 좋게 출발하게 만든다. 사장님과 사모님, 크루들 모두가 마치 한 가족처럼 서로를 챙기고, 손님들마저도 그 따뜻함에 녹아들게 한다. 이곳에서의 시간은 멀리 떠나온 여행자에게 잠시나마 아늑한 둥지를 제공하는 것 같다. 잊을 수 없는 추억과 함께, 마음속 깊이 감사의 마음을 간직하게 된다.

아침이면 펼쳐지는 조식의 향연, 그리고 그 속에서 느껴지는 소박하지만 진심이 담긴 배려. 베트남의 풍미 가득한 음식들. 가족 같은 분위기 속에서 맺어진 새로운 만남. 그리고 그 속에서 발견한 작은 행복. 리조트에서의 생활은 이렇듯 휴식을 넘어서 소중한 경험으로 자리 잡는다.

늦은 오후, Duc Thach 레스토랑에서의 식사를 계획했다. 쌀국수와 볶음밥을 주문하기로 한 것이다. 소고기 쌀국수 분 보, 해산물 쌀국수 분 하이 산, 그리고 소고기 볶음밥 껌 장 보를 메뉴에서 골랐다.

아직 이른 시간이어서인지 식당 내부는 조금 어두컴컴했지만, 이미 자리를 차지하고 있던 러시아 노부부와 우리를 위해 주인장은 불도 켜고 선풍기까지 가동했다. 음식을 혼자서 준비하느라 조금 시간이 걸렸다. 가게 안을 구경하며 기다리는 동안 주인장은 땀을 뻘뻘 흘리며 하나하나 음식을 가져다주었다.

베트남에서 먹는 쌀국수의 맛은 어디를 가도 일정한 수준 이상이다. 국물은 진짜 고기로 우려내어 깊고 진하며, 고기는 입안에서 녹는 듯 부드럽다. 해산물 쌀국수 역시 같은 국물에 오징어와 새우가 풍성하게 들어가 있었다. 그런데, 볶음밥은 정말 예상을 뛰어넘는 맛이었다. 바삭하고 통통 튄다. 집에서는 흉내 내기 어려운 기술이다. 가벼우면서도 기름진 듯하지만 느끼하지 않은 그 신선함이란, 마치 옷을 가볍게 입고 봄바람을 맞으며 산책하는 기분이었다. 우리 가족은 각자 일 인분씩을 먹고도 볶음밥을 추가로 주문해 나눠 먹었다. 이건 뭐, "한

번 더!"를 외치는 앵콜 공연 같은 식사였다.

기분 좋은 포만감에 배를 두드리며 우리는 정류장으로 향했다. "배는 너무 행복해서 두드리는 거야, 아니면 소화를 돕기 위한 거야?" 딸아이의 질문에 아내는 당당히 "둘 다"라고 답했다. 그렇게 우리는 버스를 타고 그랜드 월드로 향했다. 오후 5시를 넘어서니, 아이들의 하교 시간과 맞물려 오토바이와 사람들로 북적이기 시작했다. 이 하교 풍경은 우리가 푸꾸옥에서 아주 좋아하는 풍경이다. 올드 에어포트 주변을 지나며, 여기는 하루를 할애해 탐사해보고 싶다는 생각이 들었다. 작은 시장도 열리고 있고, 여행자보다는 현지인이 더 많은 것 같았다.

버스를 타고 40분 정도를 올라가 그랜드월드에 도착해서 저녁 8시 15분에 시작될 핀호아 공연을 기다리며 주변을 산책하고 버스킹 공연을 관람했다. 이곳에 모인 사람들은 모두 각자의 끼를 발산하며, 관광객들에게 즐거움을 선사하고 있었다. 빈펄 그룹의 의지처럼, 관광객을 한시도 심심하게 하지 않겠다는 듯이 말이다.

저녁 7시가 조금 넘어서 QR 코드를 찍고 입장했을 때, 베트남 옛 마을을 재현해 놓은 듯한 분위기 속에서 전통 옷을 입은 사람들이 관광객들과 함께 사진을 찍고, 전통 음악을 연주해 주었다. 분위기는 시간 여행을 하듯, 과거의 베트남으로 데려 다주는 듯했다.

본 공연이 시작되기 전의 하이라이트, 전통 옷 퍼레이드가 시작되었다. 일반 백성들의 소박한 옷차림에서부터 점점 화려해지는 옷깃은 마치 시간을 넘나드는 듯한 느낌을 주었다. 옷을 입은 사람들은 모델처럼 우아하고 당당했다. 화려한 퍼레이드가 끝난 후, 모델들이 서 있는 곳에는 관광객들이 몰려들어 함께 사진을 찍는 모습이었다.

우리는 어색하게 웃으며 다가갔다. 조심스럽게 귀족처럼 보이는 전통 옷을 입은 남녀 사이에서 딸과 아내는 사진을 찍었고, 나는 화려한 아오자이 드레스를 차려입은 여인 다섯 명과 함께 하트를 날리며 행복한 표정으로 사진을 남겼다. 사진을 찍지 않겠다던 나는 '괜찮아 괜찮아'하면서 마지못해 가는 느낌으로 포즈를 취했다. 아내는 미인 다섯 명 사이에서 사진을 찍으며 좋아하는 나를 보며 "안 찍겠다던 사람은 어디로 간 것인가"라고 중얼거렸다.

기념사진을 찍고 난 뒤, 우리는 넓은 야외 공연장의 가장 높은 곳에 자리를 잡고 앉았다. 공연은 베트남을 상징하는 관습과 전통을 4부작으로 구성해 누구나 쉽게 이해할 수 있게 만들었다. 쌀, 연꽃, 대나무, 베트남의 기상을 테마로 한 화려한 공연은 보는 이로 하여금 감탄을 자아내게 만들었다. 출연자들의 수가 많아 보는 내내 눈을 뗄 수 없는 볼거리를 제공했다.

공연이 끝난 후, 밤 9시가 조금 넘어 우리는 그랜드월드 분수 쇼를 보기 위해 발걸음을 옮겼다. 이미 많은 사람이 좋은 자리를 차지하고 있었다. 우리는 단체로 오신 할머니들이 앉아 있는 뒤쪽에 서서 구경하기로 했다. 안내 방송이 여러 언어로 반복되고, 공연이 시작되었다.

앉아서 볼 줄 알았던 할머니들이 일제히 일어나셔서 깜짝 놀랐다. 당당히 대열을 갖추시며 한 치의 틈도 없이 장막을 펼치셨다. 할머님들의 장막 뒤에서 보는 분수 쇼는 잘 보이지 않았다. 너무 멀어서 디테일한 연기를 보기 어려웠다. 어둠과 분수의 조합은 색달랐지만, 공연의 내용과 전개가 수평적으로 이어지기 보다는 보다 수직을 이용하면 좋지 않을까 했다. 더구나 분수쇼를 하는 시점은 하루의 피로가 몰리는 밤이라 여러모로 서 있기 힘들었다.

공연이 끝난 뒤 버스를 타고 돌아가려 했으나 버스가 오지 않았다. 나의 착각으로 버스 시간표를 잘못 봤던 것이었다. 10:10 이후에는 한 시간 뒤에 있는 버스가 막차였다. 결국 11:10까지 기다려야만 했다. 가족이 많거나 기다릴 여유가 없는 사람들은 택시기사와 흥정을 하고 있었다.

여기저기 영혼이 탈출한 사람들이 보였다. 뒤에 앉아 울고 있는 아이. 기절해서 잠든 아이를 힘들게 안고 있는 엄마. 우는 목소리로 우는 아이를 달래는 아빠. 물을 마시며 하늘을 보는 아이의 엄마. 버스가 오는 쪽을 하염없이 보는 사람들. 모두가 하루의 피로가 극심한 표정들이었다. 특히 아이들을 데리고 온 부모들의 표정은 영혼이 탈출한, 바로 그 모습이었다.

우리는 탈출하려는 영혼을 부여잡고 버스를 기다렸다. 한 시간을 꽉 차게 기다려 한 무리의 사람들과 함께 빈버스 막차를 탔다. 리조트는 거의 자정에 가까운 시간에 도착했다. 여행을 다니며 이렇게 늦게까지 돌아다닌 적이 없어 모두가 피곤함에 지쳐 있었다. 그날 밤은 다들 씻고 나서 금방 잠이 들었다.

이날은 우리 가족에게 새로운 경험이었다. 극도의 피로감을 등에 업고 평소보다 늦은 시간까지 밖에 있으면서, 베트남의 밤 문화와 공연을 체험한 것은 자주 없는 일이기 때문이었다. 우린 대부분 아침에 나가 해 질 녘에 돌아온다.

언젠가 오늘 밤에 겪었던 모든 일을 이야기하며 웃음꽃을 피울지도 모르겠다. 여행 중 고생한 경험이 훗날 가장 많은 웃음을 주기 때문이다. 예상치 못한 불편함과 어려움도 다 추억이 된다. 그러고 보면 여행은 참으로 남는 게 많은 일인 듯싶다. 재밌었던 일은 재밌었던 일로, 힘든 일은 모험담으로 남는다. 결국 모든 건 추억의 보정을 거쳐 아름다운 기억으로 남게 되니.

푸꾸옥 1988

아내는 리조트 조식을 허겁지겁 먹기 시작한 지 일주일이 넘어서는 순간 깨달았다고 한다. 아침에 커피 한 잔과 주스 한 잔으로 마무리하는 게 나름의 로맨틱한 선택이 될 수 있다는 것을. 이유는 간단하다. 이곳의 모든 곳이 미식의 천국이라, 한 끼라도 더 맛보기 위해서는 아침을 가볍게 넘겨야만 했다. 식도락 여행이라고 큰소리치고 온 건 아니지만, 어쩌다 발길이 닿는 현지 식당마다 날 놀라게 하는 매력이 있어서 말이다.

우리는 종종 적응의 동물이라고 불린다. 낯선 환경 속에 떨어져도, 우리는 점차 그 환경에 맞추어 살아가는 방법을 터득한다. 이런 점에서 인간의 적응력은 정말 놀랍다. 좋은 상황이든 나쁜 상황이든, 우리는 그것을 하나의 루틴으로 만들어버리는 위대함을 지니고 있다.

이 모든 것이 우리의 오랜 진화 과정, 유목 생활에서 비롯된 것은 아닐까 생각해본다. 머무는 것이 아니라 계속해서 이동하며 새로운 곳으로 향하는 그 과정 속에서, 어쩌면 우리 내면 깊숙이 잠들어 있던 어떤 오래된 유전자가 깨어나는 것은 아닐까.

여행이라는 행위는 마치 연 씨앗에 물을 주는 것처럼 우리 내부의 본능과 감각을 깨운다. 조건이 마련되면, 그동안 잠들어 있던 유전자 DNA가 깨어나듯, 우리도 새로운 공간, 새로운 환경에서 다른 사람이 되어 깨어난다. 여행을 하면서 느끼는 그 새로운 느낌, 내 안의 무언가가 떠오르는 그 순간은 내면 깊은 곳에서 잠들어 있던 어떤 씨앗이 깨어나는 것과 같다.

그렇기에 여행은 단순히 새로운 장소를 방문하는 것 이상의 의미를 지닌다. 여행을 통해 우리는 삶의 진정한 의미를 찾고, 자신만의 삶을 더욱 풍요롭게 만들 수 있는 힘을 발견하게 된다. 마음속에 잠들어 있는 그 놀라운 씨앗이 깨어나게 된다.

오전 시간은 리조트 청소의 성스러운 시간. 나는 그 시간에 방을 비워주기 위해, 세상 모든 미덕을 다 가진 듯한 기분으로 걸어 나선다. 리셉션에서 책을 보려고 하다가, 헤비스모커 러시안들의 연기 공격을 피해 조식 시간이 끝난 위층 식당으로 몸을 피한다.

남녀였는데 둘 다 헤비스모커였다. 그들의 담배 피우는 양을 보면, 거의 열 개비 이상을 피우는 것 같았다. 주제 하나에 담배 한 개비씩, 그렇게 주제가 바뀔 때마다 연속으로 담배를 피웠다. 헤비스모커라는 말은 들어봤지만, 막상 그런 사람과 시간을 보내보니, 그 경험은 화생방 훈련에 비견될 만했다. 기침을 하면서도 라이터 부싯돌 소리는 끊임없이 들려왔다.

식당에 앉아 있자 우리를 위해 사장님이 조용히 선풍기를 켜주시고 가신다. 아, 이곳 사람들의 친절이란... 자본주의적 친절과는 사뭇 다른 무언가가 있다. '정'이란 한국만의 것이 아니었다. 단어로 규정되었을 뿐, 사람이 있다면 그곳이 어디든 '정'이 있다.

점심나절에는 어제 갔던 식당 옆집으로 향한다. 거기서 파는 꼼땀이란, 깨진 쌀알로 지은 밥 위에 돼지갈비, 계란후라이, 오이, 토마토가 얹혀지고 소고기 무국도 주는 백반이다.

옛날에는 깨진 쌀이 상품 가치가 없어 서민들의 저렴한 음식이었지만, 지금은 온전한 쌀로 밥을 짓는 곳이 더 많아졌음에도 이곳은 여전히 깨진 쌀로 밥을 지어 그 전통을 이어가고 있다. 가격도 매우 저렴해, 한국 돈으로 2,000원이다. 이 가격에 이런 맛이라니, 말이 필요 없다.

여행 중 꼼땀을 먹으며 마주한 돼지고기의 두 가지 맛, 튀김과 구이. 몇 곳에서 그 맛을 체험해보았다. 튀김은 돼지고기의 껍질 부분을 바삭하게 만들기 위해 특별히 양념하여 튀긴 것이다. 그 속은 수육처럼 부드러워 입 안에서 살살 녹는다. 겉모습은 바삭바삭하지만, 고기 자체는 도톰하여 한 입 베어 물면 그 진한 맛이 입안 가득 퍼진다. 반면에 양념구이는 숯불 위에서 천천히 구워내어, 그 고유의 맛을 더한다.

일주일째 쌀국수만 먹다 보니, 우리의 영혼까지도 쌀밥을 갈구하고 있었다. 밥이 나오자 딸아이는 오랜만에 만난 옛 친구를 반기듯 접시를 앞에 두고 눈빛이 반짝였다. 우리가 좋아하는 음식이 모두 들어 있는 이 플레이트 런치, 가게에 포장해

가는 손님들로 북적이는 걸 보니 이곳 역시 맛집이라는 걸 단박에 알 수 있었다.

식사를 마치고 엄지를 치켜세우며 계산대를 떠날 때, 주인아주머니가 내일 먹어보라며 생선튀김과 삼겹살 간장조림을 추천해주신다. 이렇게 매일 새로운 것을 발견하는 기쁨 속에서, 하루하루가 참으로 소중하게 느껴진다. 내일은 또 어떤 맛있는 음식과의 만남이 기다리고 있을까? 생각만 해도 벌써부터 입안에 군침이 돈다.

맛있는 음식을 배불리 먹고 만족스러운 마음으로 길을 걷고 있을 때, 분짜집 아주머니가 우리를 부른다. 그 손에는 흰 봉투가 들려 있었고, 그 안엔 과일이 가득했다. 우리가 베트남어를 알아듣지 못하는 걸 아신 듯, 말없이 그 과일을 주시며 무언의 '가져가서 먹어봐'하는 신호를 보낸다. 우리는 '신깜언'을 연발하며 그 묵직한 과일 봉투를 받아들었다. 우리 세 사람이 거리를 걷는 모습을 자주 보셨는지, 이제는 새로 이사 온 이웃처럼 대해주셔서 마음이 참 따뜻해졌다.

여행이라는 것은 때로 시간을 거스르는 타임머신을 타는 것 같다. 나는 그 타임머신을 타고, 1988년의 초등학교 시절로 돌아간 듯한 기분을 느꼈다. 아련하면서도 따뜻하고, 가슴 한 켠이 뭉클해지는 그런 느낌. 마음과 마음이 자유롭게 오고 가던 순수했던 그 시절 같았다. '정'이라는 단어가 가슴에 남아 있던 그 시절.

나는 과거를 그리워하며 사는 타입의 사람은 아니다. 나는 오늘을, 현재를 살아가는 사람이다. 하지만 방금 아주 묘한 기분이 들었다. 평소에 내가 살고 있는 한국이라는 사회에서 나는 굳건히 현재형의 삶을 살고 있다고 생각한다. 그런데 내 손에 비닐 봉투가 들리는 순간 타임머신을 타고 현재이면서도 과거로 돌아간 듯한 기분에 휩싸였다.

우리는 마음으로 시간을 초월할 수 있는 능력이 숨어 있는 것은 아닐까? 어떤 순간, 어떤 만남이 우리의 내면 깊은 곳에 숨겨진 기억의 문을 열 수 있다. 그리고 그 문을 통해 우리는 과거의 특정한 순간으로 돌아가, 그때의 감정과 생각을 다시 경험할 수 있다.

분짜 아주머니의 선물은 값지고 아름다웠다. 현재를 사는 동안에도 과거의 소중한 순간들이 우리 안에 언제나 살아 있음을, 그리고 그것들이 우리의 삶을 더 풍성하게 만들어준다는 것을 일깨워 주셨다.

이 감동을 안고 골목길을 돌아 주스 가게에 들어섰다. 베트남의 대표 커피인 카페 쓰어 다(연유 커피)와 파인애플주스를 주문하고 자리에 앉았다. 분짜집 아주머니가 주신 과일을 하나씩 까보기 시작했다.

먹어보니, 무에 꿀을 섞은 듯한 맛이 나는 신기한 과일이었다. 이게 도대체 뭐지? 리조트로 돌아와 핑크에게 물어보니, 이 과일의 영어 이름은 'longan'이라고 한다. 리치라는 이름도 있었다. 핑크는 많이 먹으면 얼굴에 뾰루지가 날 수 있다고 매일 조금씩만 먹으라는 조언까지 덧붙였다.

과일을 맛보는 동안 주스 가게 아주머니가 내게 건넨 커피 한 잔. 그 커피는 마치 단맛과 쓴맛의 경계를 넘나드는, 놀라운 조화의 세계였다. 한 모금 마시자마자 카페인은 나의 머릿속 해마를 깨워 '매드맥스'의 주인공처럼 나의 머릿속을 질주하게 만들었다. 내 머리의 모든 신경과 정신이 순식간에 맑아지며, 빛의 에너지를 흡수한 것처럼 평소의 10배는 빠른 속도로 움직이기 시작했다. 이 순간만큼은 나도 천재가 된 것만 같다.

나의 가슴은 하버드 대학쯤은 1등으로 입학할 수 있을 것이라는 확신으로 차오른다. 아니, 어쩌면 하버드를 넘어 노벨상도 한두 개쯤은 받아볼 수 있겠다는 믿음까지 들었다. 이 커피 한 잔은, 어떤 값비싼 에스프레소 머신으로 만든 커피에서도 찾아볼 수 없는, 매우 개인적이고 소중한 커피라고 나는 생각한다.

푸꾸옥 여동생

오전 중에는 날개를 단 듯 자유롭게 시간을 보냈다. 아무것도
하지 않아도 되는, 그저 숨을 쉬고 존재하는 것만으로도 충분
한 시간. 그런데 이런 시간이 있어야만 여행의 진정한 맛을 느
낄 수 있다는 걸 알고 있다. 마음속 깊은 곳에 자리한 생각들
과 마주할 수 있는, 그리고 여행의 계획을 재정비할 수 있는
귀중한 순간들. 이런 시간이 내게는 마음의 몸을 가지런히 정
렬하는 마치 정신의 요가 같은 시간이다.

푸꾸옥 여행을 하면서 아내는 베트남어 기본회화를 익혔다.
가장 먼저 배운 말은 '찌, 바오 니에우 뚜오이?' 여자에게 나

이를 물어보는 말이었다. 물론, 나이를 묻고 나서 자신의 나이도 말한다. '못 하이 바 본 남 싸우'는 1부터 6까지, '므어이'는 10을 뜻한다. 그래서 '본 므어이 본 뚜오이'라고 하면 자신의 나이 44살을 소개하는 것이다. 이렇게 자신의 나이를 먼저 알려주고, 상대방이 본인보다 어리면 성별과 관계없이 동생은 '엠', 많으면 '찌'를 사용한다. 꽤 신기한 체계 아닌가?

아내는 주스 가게에 가서 처음으로 말해 본다. "찌 바오 니에우 뚜오이?" 아내가 물으니, 그분은 36살이라고 답한다. 그래서 아내는 "나는 찌, 당신은 엠~" 하고 말했더니, 그 분은 활짝 웃으며 맞다고 한다. 이렇게 해서 주스 가게 동생이 되었다. 저녁에는 정원을 산책하는 사모님에게도 "찌?" 하고 물어보니, 사모님도 웃으며 '찌'라고 답한다. 사모님도 아내의 언니가 되었다.

아내는 다음 날 아침, 분짜를 사러 갔다가 분짜집 아주머니에게 나이를 물어봤다. 분짜 언니는 50살이라고 말하셨다. 아내는 바로 '언니~'하는 느낌을 담아 '찌~'하고 부르는 것이었다. 나는 옆에서 이 모습을 보며 재미있기도 하고 놀랍기도 했다. 아내의 친화력도 친화력이지만, 여성들은 뭔가 서로가 서로를 잘 도와주는 편이다. 여성은 흔히 공감 능력이 높다는데,

여행을 나와 보면 그게 얼마나 대단한 능력인지 알게 된다.

베트남어를 배우며 아내는 정말 재미있어했다. 특히 상대방이 알아듣고 반응해주면 더욱 그랬다. 다음날 아침, 주스 가게를 지날 때 주스 가게 동생이 빨래방 동생과 함께 있었다. 그녀들이 아내를 보고는 "짜오 찌~" 하며 인사해주었다. 빨래방 아주머니도 이제 아내의 엠(동생)이 되었다. 순식간에 동네 여성들과 언니 동생이 된 것이다.

오늘은 이름을 물어볼 차례라고 말하는 아내. "엠 뗀 라 지?" 하고 물어봤다. 아마도 못 알아들었을 거라 생각했지만, 주스 가게 동생은 오히려 "뗀 또이 라 리." 하고 답해주었다. 그다음 회화를 준비하지 못한 아내는 당황해서 헤어질 때 하는 인사를 내뱉고 말았다. "핸 갑 라이 엠."

아내는 이렇게 자연스레 현지인들과의 거리를 좁히고 있었다. 주스 가게 동생, 사모님 언니, 분짜 언니들 그리고 이제는 빨래방 동생까지. 이 작은 대화로 여행은 더욱 풍성해진 기분이 들었다. 그리고 이러한 새로운 관계 속에서 베트남의 따뜻함을 느낄 수 있었다.

하지만 가끔은 의도치 않게 웃음을 자아내는 순간들도 있다. 예를 들어, 아내가 베트남어를 했을 때 상대방이 어리둥절해하며 '뭐라고요?'라고 되물을 때의 그 장면. 그 상황을 설명하려 애쓰다 보면 어쩔 수 없이 웃음이 터져 나오곤 했다. 이런 소소한 순간들이 여행을 더욱 행복하고 기억에 남게 만들었다.

푸꾸옥에서의 나날들은 이처럼 유쾌한 대화, 새로운 사람들과의 만남, 그리고 때때로는 어색하고 웃긴 상황들로 가득 찼다. 이 모든 것이 우리의 여행을 특별하게 만들어주었다. 결국, 언어의 장벽이 있더라도, 웃음과 따뜻한 마음이 있다면 어떤 문화든, 어떤 사람이든 가까워질 수 있다는 것을 알았다.

늦은 오후, 우리는 올드 에어포트 탐색을 결심했다. 매드맥스의 주인공 퓨리오사처럼 썬크림을 바르고 장총 대신 양산을 들고나왔다. 빈버스를 타고 목적지에 도착하니, 진짜 올드 에어포트에 온 기분이 들었다. 바람 불면 날아갈 듯 낡고 부서진 공항 풍경은 현실보단 차라리 영화에 가까웠다. 소떼와 자동차와 먼지와 푸꾸옥 개들과 연을 날리는 아이들이 비어 있는 긴 활주로에서 놀고 있었다. 빈버스에 앉아 얇은 유리창 너머로 볼 때는 영화라면, 문이 열리고 발을 내딛는 순간 현실이 된다.

걷다 보니 화로에 자갈을 깔고 그 위에 소세지를 굽는 아저씨가 등장했다. 냄새는 이미 100미터 전부터 먹고 싶게 만들었다. 소세지 두 개를 사서 맛을 보니, 이건 뭐 상상하던 소세지의 맛 그대로였다. 달궈진 자갈에 구운 겉은 탄력이 있으면서도 바삭했으며 감칠맛과 고기맛이 진했다.

우리는 혼잡한 오토바이 행렬을 뚫고 식당으로 향했다. 꼼땀 3개를 주문하며 '꼼땀 바~' 하고 외쳤다. 바는 숫자 3을 뜻한다. 그 순간 나는 베트남어의 달인이 된 기분이었다. 하지만 우리 동네 꼼땀과는 다르게 여기선 삼겹살을 튀겨 나왔다. 신선한 충격이었다. 딱딱한 편이라 괜찮으려나? 내심 걱정하면서 먹었다. 식사를 마치고 함께 걷던 아내가 고백했다. 고기가 딱딱해서 의식적으로 꼭꼭 씹어 먹었지만, 뱃속이 마치 돌멩이를 삼킨 것 같이 무겁다고 말했다.

결국 가장 가까운 약국에서 '디쪼'라는 이름이 붙은 소화제를 구매했다. 내가 근처에서 생수를 사 오는 동안 아내가 약을 입에 넣어 삼키고 있었다. 물을 건네고 약 포장지를 보니, 느낌상으로 500원 동전보다 약간 작은 크기였다. 그렇다면, 삼키는 약이 아닐 가능성이 크다는 것. 번역기로 확인해 보니 맨 앞에 주의 사항으로 '직접 삼키지 마시오.'라고 적혀 있었다. 물에 타 녹여 마시는 것이었다. 옆에서 켁켁거리는 아내.

결국 소화제가 목구멍에 가로로 끼어버리는 사건이 발생한다. 물을 마시고 가슴을 툭툭 치고, 물 마시고 목을 달래듯 살살 문지르고. 이걸 반복하자 다행히 소화제는 아주 서서히 녹아내리며 긴장의 끈을 풀어주었다. 그렇게 올드 에어포트에서 쯔엉동 야시장까지 걸어가서야 버스를 탈 수 있었다는 것은 작은 기적 같았다.

소화제를 목으로 녹이며 집으로 돌아오는 길, 동네 슈퍼에서 1.000동짜리 바늘을 구매하고 무사히 리조트에 도착할 수 있었다. 우리를 보시고 사모님이 맛보라며 귀여운 아이 얼굴이 그려진 큰 초콜릿을 주셨는데, 마치 오늘 하루의 모든 경험을 달콤하게 마무리해주는 느낌이었다. 아내와 우리는 "깜언 사모님 찌!"라며 감사의 인사를 건넸다.

아내는 두 손과 두 발을 바늘로 따고 뜨거운 물을 마시니 조금은 진정이 됐다. 긴장을 풀며 넷플릭스를 틀고 미스터 션샤인을 시청했다. 아내가 말하길, 그 순간 '이대로 끝인가' 하는 생각이 들 정도로 급박하고 힘들었다고 털어놓았다. 그러다 구동매를 똑같이 흉내내어 이렇게 말하는 것이었다.

"나으리, 디쪼 먹다 디질 뻔 했지 뭡니까."

나는 그 순간 조금 웃음이 터졌다. 역경 속에서도 유머는 살아남는다. 나는 속으로 식은땀을 흘리고 있었지만 이렇게 말했다. "다음부터는 더 천천히, 꼭꼭 씹어서 먹도록 해. 약을 먹기 전에는 설명서를 읽고 말이야."

그리고 잠자리에 들었다. 아내는 누워서 배를 꾹꾹 누르며, 이 여행이 주는 행복과 아픔을 되새기는 중이라고 말했다. 잠에 드는데, '여행과 아내는 정말 예측 불가능한 일의 연속이구나' 하는 생각이 들었다.

여행은 언제나 예상치 못한 일들로 가득하다. 맥반석 소세지를 맛보기도 하고 꼼땀을 먹다 체하기도 하고, 목구멍에 걸린 소화제를 통해 살아있음을 느끼기도 한다. 여행, 그것은 예상치 못한 순간들로 가득 찬, 우리의 삶을 반영하는 거울과도 같은 것이니까.

후르츠 칸타빌레

아내는 어제의 복통이 마침내 나아졌다고 했다. 그럼에도 불구하고, 오늘 하루는 단식을 하기로 했다며 우리에게도 함께 동참할 것을 강요했다. 나와 딸은 고개를 저었다. 여행을 와서 단식이라니, 그건 너무 가혹하다. 아내는 우리가 꿀벌들처럼 조식을 나르며 먹는 동안 커피와 오렌지 주스를 마시기만 했다. 하지만 아내의 번뜩이는 눈빛은, 마치 눈으로 음식을 섭취하고 있는 것처럼 보였다.

여행에서는 컨디션 조절을 잘해야 한다. 안전하고 행복한 여행은 그 조절에서 판가름 난다. 나는 적어도 먹는 것에 대해서는 긴장의 끈을 놓지 않는 편이다. 특히 주의해야 할 것은 바로 과식이다. 여행을 오면 자유롭고 행복한 마음에 자연스럽게 과식을 하게 된다. 늦게 먹거나 허겁지겁 먹거나 많이 먹거나 쉬지 않고 먹는 일이 잦아진다. 나는 되도록 평소처럼 1일 1식을 유지하며 컨디션을 유지하고 있었다.

점심때가 되어, 딸과 함께 분짜를 사러 나섰다. 아내는 아팠음에도 불구하고, 분짜 가게 언니에게 환하게 웃으며 인사를 건넸다. "짜오 찌, 분짜 하이!" 그리고 며칠 전에 받았던 리치가 얼마나 맛있었는지 온몸으로 표현했다. 그러자 분짜 언니는 냉장고에서 신선한 리치를 꽃다발을 건네주듯 한 다발 꺼내주었다. 두 번의 친절은 진하고 울컥하게 다가왔다. 설명할 수 없는 기분이 든다. 우리는 그저 감사의 말을 할 수밖에 없었다. 푸꾸옥 사람들의 마음씨가 어찌나 따뜻한지, 말 한마디에도 정이 느껴진다.

이런 모습들이 바로 드라마 '응답하라 1988'에서 볼 수 있는 그 따뜻한 감성과 똑같다. 사람들은 무언가를 바라면서가 아니라, 그저 서로를 보살피고, 친근함을 나누면서 자연스레 주고받는다. 드라마는 드라마다, 하면서 봤는데, 현실에서 이럴 줄이야. 이곳은 푸꾸옥 1988이었다.

푸꾸옥에서 느낄 수 있는 이 따뜻함이 한국인들이 베트남을 많이 찾는 이유가 아닐까 싶다. 현대 사회에서는 숨 쉬는 것만으로도 돈이 많이 들어 사람을 돌아볼 여유가 없다. 그렇지만 여기서는 사람 사이의 따뜻함이 아직 살아 숨 쉬고 있다.

그리고 화폐 가치에 대해 생각해 보면, 한국에서 천 원이란 이제 별 의미 없는 돈이 되어 버렸다. 그러나 여기 푸꾸옥에서는 천 원으로 할 수 있는 일이 참 많다. 20.000동이면 망고 스무디 한 잔, 진심 배부른 찰밥 쏘이가 네 개, 바삭한 반미 한 개를 살 수 있고, 심지어 매일 청소해 주시는 분께 작은 감사의 표시도 할 수 있다.

행복하지 않은가? 작지만 소소한 행복이 정말 실현되는 곳이 아닌가? 천원. 1달러. 20.000동. 아무것도 할 수 없는 세상과 생각보다 많은 것을 할 수 있는 세상은 정말 다른 세상처럼 느껴진다.

푸꾸옥에서의 생활에서 나는 깨달았다. 여기서의 진정한 시닉 포인트는 바로 '사람들'이다. 강과 바다와 하늘과 땅이 만들어내는 그림도 아름답지만, 그 속에 사람이 있어야 세상이 된다. 우리는 이러한 작은 만남에서 매일 새로운 행복을 발견하고 있었다.

오전 내내 단식의 고난을 견디며, 오후에는 동생네 주스 가게로 향했다. '카페 다' 한 잔을 주문하며, 아내는 가게 주인에게 이름을 다시 물었다. "리~"라고 답하는 그녀의 목소리에 아내는 "리~"라고 따라 하며, 우리 사이에는 어색하지만 따뜻한 웃음이 흘렀다. 그녀는 우리가 한국 사람인지 물었고, 그렇다는 아내의 답변에 그녀는 한국에 대한 자신의 경험을 이야기해 주었다. 3년 전에 여행했으며 조카가 원주에서 대학을 다니고 있다는 말을 했다. 우리는 간단한 대화 속에서도 서로를 조금 더 알아가는 시간을 가졌다.

오후가 되어 아내는 위장의 휴식이 끝나가고 있다며 웃고 있었다. 나는 몸이 아플 때는, 먹는 것보다는 잠시 멈추는 것이 최고의 약이 된다는 조언을 약간 했다. 해가 질 무렵, 우리는 간식을 구하러 킹콩마트로 향했다.

이제 매일 저녁 킹콩마트까지의 산책은 우리 일상의 한 부분이 되었다. 낮에는 너무 뜨거워서 걷기 힘들지만, 해가 지고 나면 분주해지는 식당들과 사람들 사이를 걷는 것은 소소한 즐거움을 준다. 노을빛이 물드는 길가를 달리는 오토바이들. 아기띠를 하고 운전하는 젊은 엄마. 처음에는 아슬아슬했지만, 보기와 달리 굉장히 안전하다는 걸 알고 있는 도로 풍경이다. 숯불에 올려진 맛있어 보이는 큰 물고기. 상점과 나무에 크리스마스트리처럼 걸린 오렌지빛 조명 사이를 걷다 보면 금세 킹콩마트에 도착한다.

쇼핑은 아내의 철저한 관리 감독 승인 아래 진행된다. 오늘은 이곳에서 만난 친절한 언니, 동생들에게 한국의 간식을 선물하기로 마음먹었다. 아내는 비비고 김부각을 보자마자, 이건 정말 신선한 선택이 될 것이라고 말한다. 한국 과자보다는 이곳의 과자가 더 맛있어 과자는 제외하기로 한다. 김부각은 분명 새로움을 선사할 수 있을 것 같았다.

저녁 시간, 우리는 다양한 간식들을 가득 담아 리조트로 돌아가는 길에 분짜 가게 언니, 주스 가게 동생 리, 그리고 빨래방 동생에게도 작은 선물을 전했다.

영원히 모르고 지나갈 뻔한 인생의 숲에서 이렇듯 우연히 운명적으로 만난 이들에게 작은 기쁨을 선물하는 것. 그것이 바로 푸꾸옥에서의 작은 행복이었다. 코코넛 두 개를 사서 카페에 앉아 마셨다. 처음엔 밍밍하고 싱거웠던 맛이 점점 달고 갈증을 채워주는 느낌이다. 따뜻한 인간관계와 소소한 일상의 즐거움이 스며 있는 잔잔한 감동의 맛. 코코넛의 맛이 오늘따라 달다.

푸꾸옥의 저녁 바람을 즐겼다. 이 순간이야말로 푸꾸옥의 소박한 행복이다. 코코넛을 마시며 나는 생각했다. '여기 코코넛은 왜 이렇게 맛있지? 한국에 가져갈 수만 있다면…' 하지만 그건 불가능한 일이니, 여기서의 모든 순간을 마음속 깊이 간직하기로 한다. 우리에게 마음이 없다면, 우린 어떻게 살 수 있을지.

리조트로 돌아오는 길. 우리는 푸꾸옥의 밤이 참 아름답다고 생각했다. 별이 총총한 밤하늘 아래, 가끔씩 들리는 새 소리와 도마뱀 노래가 마음을 평온하게 만들어주었다.

소세지와의 전투

아내는 어제 단식을 마치고 속이 가뿐해져서인지 오늘 아침
에는 유난히 일찍 눈을 떴다. 잠자는 동안에도 마음 한편에서
는 리조트 조식에 나올 돼지고기 소세지를 기대했다고 한다.
하지만 아침 조식에 다행히 소세지는 보이지 않았다. 대신 우
리 앞에는 안남미 볶음밥과 치킨 카레가 자리 잡고 있었다. 우
리는 그 맛을 즐기며 커피와 오렌지 주스로 아침을 시작했다.

오전 시간은 분주함이 가득했다. 조식을 준비하는 사람들의
움직임부터 체크인, 체크아웃하는 이들의 발걸음, 그리고 룸
청소를 위해 분주히 움직이는 직원들까지. 어제 분짜 언니가

우리에게 선물로 준 리치를 먹어 보았다. 달콤한 무맛이 났다. 아내와 딸은 리셉션에 마주 보고 앉아 남은 리치는 모두 까서 냉장고에 정성스레 넣어두었다.

점심때가 되어 우리는 큰 대로변에 위치한 PHO 88 Ha Noi 식당으로 향했다. 해산물 볶음밥과 소고기 쌀국수를 주문하고 기다린다. 오토바이 렌탈도 하는 이곳에서는 젊은 여성 둘이 식당을 꾸려가고 있었다. 주문하자마자 한 여성이 웍을 들고 주방으로 사라지며, 곧 밥 볶는 소리와 쌀국수 끓는 소리가 우리의 귀를 즐겁게 했다.

잠시 후, 총알 오징어와 새우가 들어간 볶음밥과 소고기 쌀국수가 테이블 위에 등장했다. 딸아이와 음식을 나눠 먹기 시작했다. 볶음밥은 고소함이 입 안 가득 퍼지며 바삭하게 마무리되는 맛이었다. 쌀국수는 깊고 진한 국물이었다. 가격은 50.000동으로, 너무 많지도, 적지도 않은 딱 적당한 양과 가격이었다.

식사를 마치고 우리는 매일 인사만 나누던 마사지샵 Spa Loan Ngo으로 향했다. 샵 주인의 이름이자 간판 이름이 로안이었다. 처음 마사지를 받게 될 우리는 어색함과 기대감을 동시에 가지고 있었다. 젊은 여자와 남자가 우리를 반갑게 맞이해주었고, 웰컴 후르츠로 제공된 수박은 한여름 한국에서 먹는 그 맛과 흡사했다.

딸은 페이셜 마사지를 선택했고, 아내와 나는 발 마사지를 받기로 했다. 페이셜 마사지는 30분에 160.000동, 발 마사지는 45분에 230.000동으로, 생각보다 가격도 착하게 느껴진다. 딸은 얼굴 마사지를 받으러 가고, 우리는 발 마사지를 위해 앉아 기다렸다. 곧이어 한 남자가 녹차 티백이 담긴 작은 나무 족욕 통을 가져다준다.

타인의 손에 몸을 맡긴다는 건, 마치 누군가에게 비밀일기를 보여주는 것만큼이나 어색한 일이다. 특히나 마사지라니, 조금은 부끄럽다는 생각까지 든다. 젊은 여자 마사지사가 오토바이를 타고 도착했을 때, 우리는 중요한 손님처럼 대우받는 기분이었다. 발을 닦아주는 그 순간, 어색함이 몸을 감싼다.

뜨거운 안대와 목베개가 나오자 긴장이 풀리기 시작했다. 마치 한방병원에 온 것처럼 편안함이 밀려왔다. 우리는 눈을 가린 물고기처럼 얌전히 누워 발과 다리를 마사지사에게 맡겼다. 잠이 올 즈음, 강력한 압력에 몸의 혈자리가 깨어나는 것 같았다. 아픈 부위, 시원한 부위를 넘나들며 소화를 촉진하는 지점을 누를 때는, 꾸르륵거리는 소리를 간신히 참아야 했다.

오일을 바른 후 발가락부터 시작해 종아리, 허벅지까지, 센 압력으로 정성을 다해 마사지를 해준다. 우리보다 15분 먼저 마사지를 마친 딸은 로안과 번역기를 동원해 이야기를 나누며, 우리가 마사지를 받고 있는 모습을 카메라에 담고 있었다.

마사지가 거의 끝날 무렵, 목과 어깨, 등을 마사지해주는데, 나는 척추 측만증이 있어서 시원함을 느낄 수 있었다. 여자 마사지사가 정말 전문적이었다. 혈자리를 정확히 찾아 꺾어주고 목을 흔들어 우두둑 소리가 나게 해주었다.

620.000동의 마사지 비용에 팁을 포함해 640.000동을 지불하며 고마움을 표했다. 리조트로 돌아오는 길, 우리는 방금 맛본 최고의 요리에 대해 논하듯, 마사지에 대한 리뷰를 나누었다. 아내는 부위별로 모든 마사지를 받아보면 안 되냐고 물었고, 만족스러운 표정의 딸은 이미 다음 방문을 꿈꾸고 있었다. 나는 피로가 스르륵 풀리면서 슬슬 잠이 오기 시작한다.

낮잠에서 깨어나자, 마음이 끌리는 대로 수영장으로 향했다.

파워 수영을 스피디하게 마치고 우리의 테이블에 자리를 잡았다. 오전에 까놓은 리치는 냉장고에서 숙성되어 더욱 달고 상큼해졌다. 리치는 참으로 사랑스러운 과일이다. 들어오는 길에 떨어진 손톱만한 아기 망고 두 개를 주워 왔다. 이곳은 사시사철 달콤한 과일이 주렁주렁 매달려 열매를 맺는 곳이다.

이 열대과일의 달콤함이 앞으로 그리워질 것 같다는 생각이 스쳐 지나간다. 이곳은 바쁘게 움직이기를 좋아하는 사람보다는 조용히 관찰하고 산책을 즐기는 사람에게 꼭 맞는 천국 같은 곳이다. 한겨울에 다시 찾을 계획을 세우며 혹한을 여기서 보낼 수 있다면 얼마나 좋을지 상상에 잠긴다.

리조트 중앙에 위치한 독채는 사장님과 사모님의 보금자리인 듯싶다. 나는 이 아담한 리조트에서 노년을 보내는 것이 얼마나 멋진 일인지 말한다. 아내와 딸도 이에 동감하며, 자신의 정원을 가꾸며 식사를 준비하는 삶이 매력적으로 느껴진다고 했다.

사장님과 직원들 사이의 쾌활한 대화는 알아듣지 못해도 그들의 화기애애함을 느낄 수 있다. 더운 날씨에도 고풍스러운 다기로 차를 음미하는 사장님과 손님들에게 과일을 나눠주는 사모님의 온화하고 다정한 모습은 참으로 인상적이었다.

저녁에는 킹콩마트로 가는 길에 발견한 작은 테이블과 의자가 세팅된 생선구이집을 방문하기로 했다. 오후 6시가 다 되어서야 우리는 설레는 마음을 안고 생선구이집으로 향했다. 어둑어둑해지는 시간, 우리는 첫 손님이 되었다.

종업원이 메뉴판을 가져다주고, 우리는 큰 생선이 구워지고 있는 것을 보았다. 메뉴판에는 그 생선이 'snake fish'라고 적혀있었는데, 이것은 바로 가물치였다.

가물치? 가물치! 나는 이 어종이 한국에서는 굉장히 특별한 어종임을 알고 있었다. 평범하게 먹는 어종이 분명 아니었고, 이름처럼 그렇게 식욕이 생기는 모양도 아니라는 걸 알고 있었다.

아내에게 3번 정도 물어보았다. 정녕 이 물고기를 먹어야겠냐고. 아내는 맛있어 보인다는 말만 되풀이했다. 연기를 피우며 스네이크 피시를 굽는 아저씨를 웃으면서 보고 있었다. 그래. 먹어보자. 가물치를. 스네이크 피시를. 내 생에 가물치를 구워

먹을 줄이야. 나는 식은땀을 흘리며 주문했다.

주문을 하고 조금 기다리자 라이스페이퍼, 향 채소, 얇은 쌀국수, 소스 그리고 숯불에 구운 가물치가 나왔다. 생선 위에는 쪽파와 땅콩 양념이 발라져 있었다. 한 젓가락 먹어보니 비린 맛도 없고 살이 많아 먹을만 했다. 의외였다. 선입견이란 때로 우리의 눈을 가리고 있는 가리개 같은 것인지도 모른다는 생각을 했다.

알고 보니 베트남 사람들에게 가물치는 단순한 민물 생선이 아닌, 가장 선호하는 생선요리 중 하나였다. 우리나라에서는 건강을 위한 약재로 쓰이는 것과는 대조적으로 베트남에서는 구이를 특별히 즐긴다고 한다. 바다의 고등어나 삼치, 꽁치와는 다른, 가물치 같은 민물 생선의 구이를 맛보는 것은 정말 흥미로운 경험이었다.

라이스페이퍼에 쌀국수, 생선살, 그리고 이름 모를 잎채소를 넣어 먹었다. 나중에야 생선에서 나는 것으로 여겼던 비린내가 사실은 어성초에서 나온 것이라는 것을 알게 되었다. 비린내가 나는 잎채소라니. 실은 가물치보다 더 먹기 어려웠다.

리조트로 돌아오는 길에는 돼지고기 소세지를 사고, 동생네 주스 가게에서 코코넛과 파파야를 구매했다. 우리는 이제 망고에 대한 탐닉을 벗어나, 덜 단 과일의 세계로 눈을 돌렸다. 망고의 당도는 정말 비할 데 없이 높지만, 매일 많은 양을 먹기에는 조금 부담스럽게 느껴졌다. 한 달 동안 각자 망고 40kg을 먹겠다는 우리의 장담은 일주일 만에 물거품으로 돌아갔다. 지금까지 셋이서 4kg도 채 먹지 못했다.

대신 우리는 코코넛, 파파야, 포멜로 같은 덜 단 과일들을 찾게 되었다. 파파야는 콜럼버스가 '천사의 열매'라고 극찬한 열대 과일이다. 소화를 돕는 효소인 파파인이 풍부하게 함유되어 있어, 식후 디저트로 먹기에도, 칼로리 걱정 없이 가볍게 즐기기에도 좋다.

파파야는 그린 파파야 샐러드로 만들어 먹기도 하고, 익으면 그냥 먹거나 주스, 스무디 등에 활용된다. 우리나라에서 미역이 출산 후 여성에게 좋다고 알려진 것처럼, 베트남에서는 파파야가 유사한 역할을 한다고 한다.

소세지와 파파야를 나눠 먹고 파워 수영을 한 후, 기분 좋게 자리에 누웠을 때, 아내의 표정이 좋지 않았다. 갑자기 아랫배가 아프다는 것이었다. 화장실을 오가며 점점 심해지는 통증에 땀을 흘리기까지 했다.

다행히도 다 마신 코코넛을 버리지 않았다는 것이 이번 일의 작은 위안이었다. 나는 코코넛의 구멍을 막고 그 위에 수건을 대고 아픈 배를 대고 엎드려 있으라고 아내에게 말했다. 일종의 배 지압인 셈이었다. 20여 분이 지나자 엄청난 땀과 함께 통증은 왔다 갔다를 반복했다. 나의 마음은 걱정으로 롤러코스터를 타는 기분이었다.

나아지지 않아 1.5리터 물병을 집어 들었다. 물병을 눌러보니 제법 단단해 경침으로 사용해도 될 듯싶었다. 바닥에 놓고 이번에는 아내에게 등을 대고 누워보라고 말했다. 경락을 마사지해 보려는 생각이었다. 아내의 상태는 조금 나아지는 듯 표정이 약간은 부드러워졌다.

하지만 그렇게 30분이 지났지만, 통증은 여전했다. 이번에는 바글바글 끓인 물을 1.5리터 정도 천천히 마시도록 했다. 마치 뱃속을 달래주는 듯, 그제서야 통증이 조금씩 가라앉기 시작했다. 아내는 땀을 흘리며 천천히 밤 12시가 넘어서야 겨우 잠에 들 수 있었다.

지난 3년간 지켜온 식습관이 갑자기 바뀌었다. 차가운 스무디, 안 먹던 달콤한 과일들을 섭취하고, 조식을 먹기 시작하면서 생긴 일이다. 몸도 변화에 적응하기 힘들었나 보다.

이제는 원래의 생활로 돌아가야 한다는 생각이 든다. 아침에는 가볍게, 오후에는 맛있는 한 끼를 섭취하는 것으로. 저녁에는 소화를 돕는 파파야, 파인애플, 코코넛으로 가볍게 마무리하는 것이 현재로서는 최선이라고 생각했다.

아내는 다음날 일어나 조식을 많이 먹겠다는 유혹을 뿌리치고, 이제 마음을 가다듬어 남은 일정을 소화해야겠다고 다짐했다. 늦은 밤, 여행지에서의 아픔은 정말 아프다고. 자신은 길거리 소세지와의 전투에서 살아남았으니, 이제 뭐든지 할 수 있을 것만 같다고 말했다.

마음으로 전할 수 있는 다섯 가지

아침 7시, 우리는 졸린 눈을 비비며 일어나 밖으로 나갈 준비
를 했다. 20분이면 도착하는 가까운 해변을 가기 위해서였다.
맨발로 지구와 접촉을 하는 '어싱'을 하면 기분도 건강도 좋아
진다는 말을 들었다. 해변의 산책. 이른 아침의 산책은 굳이
건강 때문이 아니어도 꽤나 로맨틱하게 느껴진다.

7:20분쯤 리조트를 나섰다. 골목을 돌아 나오고 있는데, 주스
가게 동생도 오토바이를 타고 출근하고 있었다. 우리는 서로
"짜오 엠, 짜오 찌"하며 인사를 나누었다. 아무것도 아닌 이
평범한 인사가 왜 그리 정겹고 기분 좋은지 모르겠다. 현지에

사는 동생과 아침에 만나 언니, 동생하며 인사를 나누다니.

특히 아내의 친화력은 굉장히, 옆에서 보기에 부럽고 대단하다 싶을 정도였다. 친구를 만드는 방법은 먼저 다가가면 된다. 아내는 이 말을 실천하는 사람이었다. 누구를 만나든 이름과 호칭을 부르며 다가갔다. 그러면 처음엔 머뭇거리던 사람들도 점점 아내에게 다가오는 것이었다.

나의 아내. 나의 주인공. 여행에서 나는 그저 그녀를 따르는 기사일 뿐이다. 주인공은 아내. 나는 그것이 싫지 않다. 오히려 고맙다. 사람에게 먼저 다가가는 의외의 용기에 감탄한다.

아침 일찍부터 동네 식당과 카페에는 벌써 베트남 아저씨들이 자리를 잡고 있었고, 오토바이들은 분주하게 지나가고 있었다. 푸꾸옥 아저씨들의 풍경은 언제나 독특한 뉘앙스가 있다.

푸꾸옥 아저씨가 되기 위해서는 몇 가지 소품과 자세가 필요하다. 담배가 항상 옆에 있다. 사람 좋은 표정, 늘어진 자세, 뒤로 기댄 포즈, 여유로운 미소, 가끔은 티셔츠를 말아 올려 요염하게 배를 드러내는 포즈. 이러한 요소가 모여 푸꾸옥 아저씨가 된다. 푸꾸옥 아저씨는 아무나 될 수 있는 게 아니다.

해변에 도착해 슬리퍼를 벗었다. 딸은 신발 때문에 쓸려 상처가 난 발을 애써 괜찮다고 말하며 바닷가를 걷기 시작했다. 바다에는 이미 사람들이 둥둥 떠 있었고, 어떤 이들은 바다를 바라보며 식사를 하고 있었다. 우리는 천천히 모래사장을 걸으며 지구와의 연결을 느끼는 어싱을 했다. 해변을 걷다 보면 여유로워지고 부드러워지고 옆 사람에게 사랑한다 말하고 싶어지고 기분이 좋아진다. 우리는 이렇게 한 시간여 어싱을 한 뒤 리조트로 돌아왔다.

입구에서 리조트 사모님을 만났다. 올라가서 밥 먹으라고 하시며 인사를 건네주셨다. 순간 미묘하고 뭉클한 감정의 동요를 느끼며 2층으로 올라가 자리에 앉았다. 아내는 어떤 감동에 싸인 표정이었다. 그리고 내게 말했다. "누군가 따뜻한 목소리로 밥 먹으라는 말, 당신은 언제 들었어?" 나는 기억나지 않았다. 밥 챙겨주는 말은 어린 시절 엄마에게서만 들어본 것 같다고 말하자 아내는 자신도 그렇다는 듯 가만히 고개를 끄덕였다.

우리는 조식을 더 맛있게 즐길 수 있을 것 같은 기분으로 접시를 들어 올렸다. 아내는 오븐에 바게트를 데우고 셀프 반미를 만들기 시작했다. 버터, 토마토, 오이, 양상추를 넣어서 먹는데 참 맛있어 보였다. 나와 딸도 바게트를 데워 각자 먹고 싶은 재료를 넣어 반미를 만들어 먹었다.

오늘의 계획은 쯔엉동 야시장 앞에 있는 Agribank atm에서 돈을 인출하고 킹콩마트에 들러 김치, 컵라면, 주전부리를 사 오는 것이었다. 아침에 많이 걸었기 때문에 더워지기 전에 빈 버스로 이동하기로 했다.

오전의 킹콩마트는 한산했다. 컵라면을 종류별로 골라보고, 비빔면 같은 라면 두 봉지도 사 왔다. 그림에 사과가 그려진 걸로 보아 팔도 비빔면 같았다. 김치도 500g에 49.000동, 한화로 대략 2,500원 정도였다. 기념품으로 인기가 높은 새우 소금, 레몬 소금도 사보고, 분짜 먹을 때 국물을 많이 담을 수 있는 숟가락도 세 개 구입했다. 아내의 공식 해외여행 기념품인 병따개는 딸이 귀여운 것으로 골라 주었다.

날이 점점 더워지기 시작하자, 서둘러 리조트로 돌아가는 길에 동생네 주스 가게에 들렀다. 베트남 커피, 수박, 파인애플 주스를 주문하고 잠시 앉아 있었다. 동생이 음료를 다 주고 나서 핸드폰을 꺼내 우리 셋의 사진을 찍겠다고 했다. 우리는 포즈를 취하고, 아내는 함께 사진을 찍자고 제안해서 결국 둘이서 얼싸안고 같이 찍었다.

우리는 관광객이니 언제 떠날지 모르기 때문에, 매일 보다가 갑자기 사라지면 서운할 수 있어서 그랬을지도 모른다. 찍힌 사진을 보니, 아내가 더 푸꾸옥 사람처럼 자연스럽게 나왔다. 저녁때 과일을 사러 갈 때 베트남 전화번호를 교환하기로 했다. 이메일 주소도 알아 와야겠다고 생각했다. 아내는 "아… 예쁠 때 찍었어야 하는데…"하면서 주근깨를 두드렸다.

점심은 킹콩마트에서 사온 여러 가지 컵라면으로 가볍게 해결했다. 이곳의 맛은 상향 평준화가 되어 있는 듯, 500원짜리 컵라면에서도 쌀국수집 국물 맛이 났다. 김치는 왠지 한국 김치와는 다른 맛이 나서, 현지화를 시도한 결과일지도 모른다고 생각했다. 맵지도 짜지도 않은 비비고 김치였다.

사 온 물품 중에 하나, 초콜릿이 유난히 눈에 띄었다. 베트남의 각 도시를 상징하는 일러스트가 그려진 포장지는 그 자체로 한 편의 이야기를 담고 있는 듯 예쁘다. Alluvia chocolet이라 불리는 이 초콜릿은 다른 초콜릿에 비해 가격이 10배는 더 비싸다. 우리나라 돈으로 치면 오천 원이나 하지만, 그 아름다운 포장 때문인지 선물용으로 사는 사람들이 많았다. 탑 젤리만큼의 대중적 인기는 없지만, 그만큼 특별한 매력이 있다.

마트에서는 각종 차 종류도 많이 판다. 꽃차와 녹차류가 유독 눈에 띄는데, 어쩌면 이것은 중국의 영향일까? 커피도 물론 많이 마시지만, 따뜻한 물에 우려낸 차를 하루 종일 즐기는 모습이 인상적이다. 우리도 한국으로 돌아가기 전에 몇 가지 차를 사다가 맛보기로 했다.

그저께부터 딸이 신던 신발이 문제를 일으켰다. 며칠 동안 그냥 신고 다녔더니 발에 상처가 났다. 그래서 결국 근처 준크록스에서 새 신발을 사주기로 했다. 처음에는 괜찮다고 했지만, 새하얀 크록스 슬리퍼를 매우 마음에 들어 했다. 발이 불편하면 바로 말을 해야 하는데, 계속 신고 다닌 것이다.

새 신발을 신고 나서 딸은 기분이 좋아진 듯 바다 수영을 더욱 적극적으로 즐겼다. 노을이 지는 시간에 맞춰 바닷가로 갔다가 바닷속에서 둥둥 떠 있으면서 해가 지는 걸 바라보았다. 바다에서 보는 노을은 언제나 황홀하다. 저녁 바람이 파도를 일으키고, 우리는 이제 물기를 닦아내고 리조트로 돌아갔다.

돌아오는 길에 동생네 주스 가게에서 수박과 파인애플을 저녁으로 사 왔다. 3,000원에 산 과일, 동생이 골라준 과일은 항상 최고다. 우리나라에서 애플 수박으로 불리는 작은 수박은 껍질이 숟가락으로 쉽게 잘리듯 부드럽다.

이곳에서 매일 조금씩 과일을 맛보는데, 과일만 잘 먹어도 여행이 전혀 아깝지 않다. 그런데 2주 넘게 맛있는 음식들을 식당에서 먹어보니, 소박한 음식이 그리워진다. 한국에서도 육류나 생선류를 그다지 즐기지 않는 우리 가족이라, 그동안 여기서 거의 모든 것을 먹어본 것 같다.

자주 가게 되는 식당에서는 주인장들이 양을 1.5 배는 더 주는 것 같다. 반가움과 고마움을 그렇게 표현해주곤 한다. 자신들이 먹으려고 가져온 과일도 우리에게 나눠준다. 우리의 작은 위장은 그 많은 음식을 다 소화할 수 없어서 안타깝다. 음식을 즐기는 사람에게 푸꾸옥은 정말 천국과도 같다.

지난주 아내가 한국에 있는 처제와 통화를 하다가 2주 동안 망고를 셋이서 4킬로그램도 못 먹었다고 했더니, 처제는 혼자서 매일 망고 5개씩 먹을 수 있다고 자랑했다. 망고를 킬로로 먹는다? 한국에서 한 알 한 알 정성스럽게 포장된 망고를 아껴 먹던 때를 생각하면, 정말 말도 안 될 정도로 꿈만 같은 이야기다.

이제는 빵도 가장 기본에 충실한 크루아상이 좋아졌고, 컵라면도 기본 컵라면이 좋아졌으며, 볶음밥도 고기 없는 채소 볶음밥이 좋아졌다. 하얀 안남미에 모닝글로리 한 접시만 먹고 싶은 생각도 든다. 과일도 종류가 많아 다양하게 즐기고 있다. 모든 것이 넉넉한 푸꾸옥에서의 생활이다.

자극은 때로 우리의 눈과 입맛을 이끌지만, 사람의 마음을 움직이는 것은 단순함이 아닌가 싶다. 미소. 친절. 따스함. 우리는 단순한 진실에 다가가고 있었다.

그러고 보면 가진 것 없어도 우리는 세상에 줄 수 있는 값진 것들이 많다. 비용을 내지 않아도 주고 받을 수 있는 것들이 많다. 친절, 사랑, 관심, 미소, 따뜻한 말 한마디. 이 모든 것들은 마음으로 전할 수 있는 인간의 소중한 것들이다. 사모님이 보여주신 미소처럼.

혼돈의 혼똔섬

밤이면 언제나 그렇듯이, 에어컨의 존재는 우리의 작은 논쟁거리다. 켜면 춥고, 끄면 덥다. 습기가 적어 문을 활짝 열고 잠들고 싶은 마음이 깊숙이 자리 잡고 있지만, 모기라는 침입자들 때문에 그런 사치는 꿈도 꾸지 못한다. 결국 에어컨 예약을 걸어두고, 나는 이불을 머리까지 뒤집어쓰고 잠에 빠진다.

아침이 되어, 아내와 나는 커피 한 잔의 여유를 즐기기로 했다. 어제 온 듯한 러시안 아저씨가 우리 옆 테이블에 앉아, 심심한지 호기심 많은 눈빛으로 우리에게 말을 걸었다. 어디에서 왔는지, 여기에 얼마나 있었는지, 오토바이를 타고 다녔는지 등등. 그냥 소소한 대화였다.

그러다 아저씨가 우리를 보고 "꼬마 아이는 몇 살이냐?"고 물었다. 아마도 우리가 어린 자녀를 데리고 왔을 거라 생각한 듯싶다. 아내는 "아이 해브 도터. 쉬즈 식스틴 이얼즈 오울드."라고 말했다. 그 순간 아저씨의 눈에 비친 놀라움이 잊히지 않는다. 딸이 나중에 일어나 우리와 함께 식당으로 가자, 그 아저씨가 가족들과 식사를 하고 있었다. "인조이~"라고 인사를 하고 우리 자리에 앉았다.

아저씨는 가족들에게 아침의 스몰토크를 전하면서 우리를 가리켰다. 그의 딸들은 성인이지만 아담했다. 이국적인 그들의 모습에서 러시아에 대한 궁금증이 샘솟았다.

오늘 조식 메뉴에는 새로운 것이 있었다. 게 껍데기에 담긴 어묵이었는데, 한국과는 다른 맛이었다. 아내는 베트남 여성들이 한국의 어묵을 맛보고 "이건 어묵이 아니야"라고 했다는 말을 들려주었다. 나는 그 말을 듣는 사이 어묵을 네 개나 먹었다. 간소해 보이지만, 실제로는 많은 노력이 필요한 음식이었다. 탱글한 어묵 맛이 아주 좋았다.

우리의 오전 일정은 선셋타운 탐사였다. 푸꾸옥은 개발 관리가 진행 중인 곳이 많았다. 허물거나 새로 짓는 건물들이 곳곳에 있었다. 때문에 관광객이 자유롭게 돌아다니기에는 제한이 있다. 여행객으로서 이곳의 상황을 보아가며 조심스럽게 다니는 것이 중요하다고 생각했다.

아침에 인터넷으로 읽은 글 하나가 떠올랐다. 푸꾸옥에 처음 방문한 사람들이 유명한 스팟을 찍고 다니지만, 두 번째 방문에서는 현지인처럼 한 달 동안 살아보고 싶다는 내용이었다. 지금 우리가 그걸 실천하고 있다는 생각에 기분이 좋아졌다.

식사를 마치고 베트남 커피를 즐기고 있을 때, 전기가 잠깐 나갔다며 미안하다고 말하는 리셉션의 핑크. 오랜만에 핑크와 대화를 나누면서 아내가 베트남어로 1부터 10까지 세어 보였더니, 그녀는 놀라워하며 언제 배웠냐고 물었다. 나는 어느 나라를 가든 그 나라의 언어를 배우려는 노력이 현지인들에게 기쁨을 줄 수 있다고 생각했다.

핑크에게 나이를 물었을 때, 그녀는 20대처럼 보이지만 실제로는 30대이며 아직 싱글이라고 했다. 베트남에서는 19세가량에 결혼하는 것이 일반적이라고 한다. 그녀는 집에서 개 여섯 마리를 키우고 있다고 했다. 핑크는 세심하고 다정한 성격의 여성이었다. 이야기를 나누는 동안, 나는 여행이 단지 새로운 장소를 보는 것이 아니라 새로운 사람들과의 만남에서 오는 즐거움도 있다는 것을 다시 한번 깨달았다.

리조트에서 기르는 브라운색의 개가 있는데 이 녀석은 우리가 외출만 하면 헉헉거리며 따라와 거리를 유지하며 앞으로 간다. 우리가 발걸음을 옮길 때마다 마치 우리의 경호원처럼 앞서가며 길을 안내했다. 우리가 멈추면 녀석도 멈춰 서서 마치 "다음 명령을 기다리겠습니다, 주인님!"이라고 말하려는 듯 뒤를 돌아봤다. 핑크에게 물어보니, 이 녀석이 우리를 좋아한다는데, 그 말을 듣고 나니 어쩐지 우리가 그 개에게 인정받은 기분이 되어 웃음이 터졌다.

오늘은 선셋타운 탐사를 위해 오전 11시쯤 그랩을 호출했다. 그랩 기사님이 우리 리조트 옆집에 산다고 하니, 이 세상 어디에도 없을 가까움이다. 그는 흥겨운 베트남 노래를 틀어놓고, 더운 날씨에 왜 저녁이 아닌 지금 가냐며 살가운 걱정을 해주었다. 불가사리 해변에서 찍은 동영상까지 보여주며, 우리에게 꼭 가보라고 추천했다.

선셋타운에 도착했을 때, 우리는 그랜드월드를 경험한 후여서 그 규모와 조성에 놀라지 않을 줄 알았지만, 선셋타운의 야심 찬 모습에 더욱 놀라고 말았다. 이름 그대로 이탈리아의 마을 전체를 그대로 옮겨다 놓은 모습이었다. 특히나 계단을 멋들어지게 장식한 모습, 아기자기한 도로, 곳곳에 있는 조각상, 심지어 건물과 건물 사이로 바다 풍경이 살짝만 보이게 만들어 호기심을 불러일으키는 것까지. 정말 유럽의 바닷가 마을에 온 기분을 들게 해 주었다.

한낮의 더위 속에서도 사진을 찍으며 걸었다. 혼돈섬으로 가는 케이블카를 보며, 건물들을 바라보며, 멀리 바닷가를 구경하며 케이블카를 타는 계획을 세웠다. 그 높은 곳에서 바라보는 풍경은 밤에 조명이 켜지면 정말로 이탈리아 아말피를 연상케 할 것이었다.

카페와 레스토랑들을 지나며 내리막길을 걷고 있을 때, 갑자기 아내가 몸이 이상하다고 말했다. 어지럼증과 땀이 나기 시작한다고. 나는 사진을 찍느라 정신이 없어 아내의 말을 귀담아듣지 않았다. 천천히 걸으면 괜찮아지겠지 했다. 아내는 힘든 와중에 오전에 알아본 카페까지만 가자고 했지만, 결국은 스타벅스에 들어가기로 했다. 스타벅스에는 에어컨이 너무

세게 틀어져 있어, 이번에는 식은땀을 흘렸다. 화장실에서 잠시 안 좋은 상태를 겪기도 해서 급하게 그랩을 잡아 리조트로 돌아왔다.

오전 11시부터 오후 2시까지 뙤약볕 아래서 오르막 내리막을 걸어 다닌 우리는 탈진 상태였다. 우리는 모험가보다는 조난자에 가까운 상태로 리조트에 도착했다. 집에 오자마자 침대에 푹 쓰러져, 잠시 눈을 감고 쉬었다. 사막에서 오아시스를 찾은 것 같은 기분이었다. 아내의 심장도 다시 평온을 찾아 감사의 기도를 올렸다. 아무래도 저혈압에 뜨거운 곳을 돌아다닌 탓에 갑자기 기운이 쭉 빠진 것 같았다.

어제 마트에서 사다 둔 비빔면과 컵라면으로 간단히 요기를 했다. 비빔면 소스를 뿌리는 순간, 떡꼬치 양념 냄새가 나서 입맛이 확 살아났다. 마치 비빔면 소스가 우리의 영혼을 깨워준 것 같았다.

식사를 마친 후 세 사람이 이야기를 나누다 의견 충돌이 일어나고야 말았다. 나는 아내가 조난 상황을 만들었다고 타박했다. 힘들고 컨디션이 좋지 않아 나도 모르게 남 탓을 하고 있었다.

아내는 찾아두었던 카페까지 무리하게 가다가 일어난 문제가 아니었다고 말했다. 힘들면 힘들다고 말했을 테지만, 정말 멀쩡하다가 갑자기 상태가 안 좋아졌다는 것이었다. 가슴도 뛰고 어지러워서 무서웠다고. 나중에야 알았지만, 일사병이란 꼭 장시간이 아니어도 충분히 걸릴 수 있다는 것을 알았다. 하지만 이때 우리는 일사병일 거라는 생각은 하지 못했다. 하루 종일 더위 속에 있어야 걸리는 줄만 알고 있었다.

나는 제정신을 차리고 아내와 화해했다. 내가 두 사람의 컨디션을 살피지 못한 것도 문제는 문제였다는 걸 알았다. 딸도 땀을 엄청나게 흘리고 있었고, 아내는 어지러울 정도로 힘들었는데, 왜 몸이 아프냐고 타박을 하고 있는 것이었다. 이날 우리는 체감온도 39도의 무더위 속에 세 사람이 500밀리 물병 하나를 나누어 마시고 있었다. 하지만 나만 유일하게 간식으로 푸꾸옥 새우소금을 들고 다니며 의도치 않게 염분을 보충하고 있었다.

정말로 더운 날씨였다. 케이블카를 타고 노는 계획은 생각해보니 정말 어리석었다. 오전에 우리를 데려다준 그랩 기사님의 말대로 저녁에 가서 노을을 보고, 야시장을 구경하고, 불꽃

놀이를 보는 것이 정답이었다.

솔직히 말하자면, 나는 여기 리조트에서 하루 종일 있어도 정말 재미있다. 수영하고, 간단히 밥 먹고, 주스 마시고, 커피 마시고, 해지면 바다에 가서 수영하는 것만으로도 충분히 행복하다. 더 이상 아름다운 장면을 찾아 헤매고 싶지 않다. 남은 일정 동안 여기서만 지내고 싶다는 생각이 들었다.

언덕에서 바라본 혼똔섬으로 들어가는 케이블카는 정말 장관이었다. 우리나라에서 보던 것과는 비교도 안 될 만큼 멋진 경치였다. 그러나 가장 뜨거운 시간에는 가지 않기로 했다. 그러면서 이렇게 뜨거운 곳에서 살아가는 사람들의 삶이 새삼 대단하게 느껴졌다.

오토바이를 타고 다니며 머리부터 발끝까지 가리고 다니는 사람들을 보며, 이제는 그들의 모습이 당연하게 느껴진다. 더위를 피하는 게 멋이 아니라, 생존이었던 것이다. 환경에 적응하며 살아가는 그들의 지혜에 고개가 절로 끄덕여진다.

어둠이 내려앉은 저녁, 동생네 주스 가게로 과일과 주스를 사러 갔다. 만나자마자 오늘 낮에 선셋타운에서 더위에 쓰러질 뻔했다고 말했더니, 동생은 다급하게 아내에게 페이스북 아이디를 알려달라고 했다. 평소엔 아침저녁으로 보이던 우리가 하루 종일 사라졌으니, 돌아갔나보다 걱정했던 것이다.

하지만 문제는, 페이스북에서 아내 이름을 검색했을 때 너무 많은 사람이 나타나 결국 서로를 찾지 못했다는 것이다. 동생의 이름은 베트남에서, 아내의 이름은 한국에서 너무 흔했다. 이름을 검색하는 방법으로는 찾기 어려웠다. 결국 카카오톡을 설치해보자고 제안했지만 어떤 문제인지 설치가 되지 않았다. 한참을 애써보다가, 결국 동생이 인스타그램을 설치하고 나서야 우리는 서로를 인친으로 맺을 수 있었다.

서로의 핸드폰으로 찍은 사진들을 교환할 수 있게 되어서 얼마나 기뻤는지, 우리는 박수를 치며 환호했다. 그리고 구글 번역기의 도움으로 이어진 대화는 더욱 뜻깊었다.

주스 가게 동생이 다시 돌아온다고 약속해달라고 했을 때, 아내는 당연하다는 듯 꼭 다시 올 거라고 대답했다. 동생이 언젠가 한국에 갈 수 있을 거라는 말에, 아내는 그럼 정말 반가울 거라고 말했다. 그리고 한국에서 유학 중이라는 조카의 졸업 사진과 유학 사진을 보여주었다.

아내가 열흘 뒤에 한국으로 돌아간다는 말과 여행 에세이에 주스 가게 사진이 실릴 것 같다고 말하자, 엠은 무척 기뻐했다. 책이 출간되면 책을 가져오겠다고 약속했을 때, 그 기쁨은 더 커졌다.

여행지에서 만난 사람들에게 우리의 여행 이야기를 책으로 쓰고 있다고 말할 때마다, 그들의 반응은 언제나 새로운 기쁨으로 가득 차 있다. 하와이의 카렌이 그랬고, 푸꾸옥의 엠이 그렇고, 일본의 레오나도 그랬다. 오키나와의 레오나와는 올해 다시 만날 것 같은 예감이 든다.

여행지에서 여행 이야기를 책으로 쓰고 있다는 사실이 현지 사람들에게 새로운 기쁨을 주는 것을 느낄 때마다, 글을 쓰는 것의 또 다른 행복을 깨닫는다. 이 이야기들이 어딘가에서 책으로 출간되어 남는다는 것은 얼마나 멋진 일인가. 우리의 일상을 새로운 시선으로 바라보며 그것을 기록하는 것, 그것이야말로 글을 쓰는 큰 기쁨 중 하나다.

아내가 현지인들에게 글을 쓴다거나 책으로 나올 거라고 하면, 나와 딸은 마치 숨바꼭질에서 발견된 어린아이처럼 부끄러워 얼굴을 가리지만, 아내에게는 이 모든 과정이 너무나도 즐거워 보였다. 글을 쓸 수 있다는 것, 그것이 물질적인 형태의 책으로 탄생한다는 것, 그리고 그 책을 즐겁게 읽어줄 독자가 있다는 사실이 얼마나 행복한 일인지 모른다고.

오늘은 애플 수박 한 통과 오렌지 1kg을 사서 리조트로 돌아왔다. 낮에 뜨거워진 몸을 식히기 위해 수영장에 들어가 수영을 하고, 수박에 레몬소금을 톡톡 쳐서 먹었다. 딸은 주스만 마셔도 배가 부르다며, 먼저 씻고 쉬겠다고 했다.

나와 아내는 수영장에서 나와 씻으려고 했는데, 딸의 이마를 짚어보니 열이 나는 것 같았다. "그냥 자겠다"고 하는데, 점점 더 뜨거워지는 것 같아서 급히 수영복으로 갈아입으라고 하고 수영장으로 데리고 나갔다. 나는 바깥에서 수영장에 들어간 딸을 살피고, 아내는 전기 포트에 물을 끓여 레몬소금을 타서 마시게 했다.

수영장에서 한 시간 정도를 보내며 뜨거운 물을 마시니 열이 서서히 내려가는 것이 느껴졌다. 밤 1시가 다 되어서야 열이 내려간 딸을 재울 수 있었다. 이곳의 뜨거운 낮은 정말 위험할 수 있음을, 가볍게 여길 만한 것이 아님을 몸소 느꼈다.

한낮에 달궈진 수영장의 물이 새벽에도 미지근하게 남아 있는 것을 보며 이 뜨거운 곳에서의 생활을 가볍게 여겨서는 안된다는 것을 절실히 깨달았다. 누군가가 어린아이들이나 연로하신 부모님을 모시고 빡빡한 일정을 소화하려고 한다면 정말로 말리고 싶다.

핫스팟을 모두 돌아보려 애쓰기보다는, 한 곳을 가더라도 여유롭게 쉬며 여행을 즐기는 것이 중요하다고 느낀다. 우리도 남은 열흘 동안 아직 가보지 못한 많은 곳이 있지만, 모두 다 가보려 하지 않고 이번에 못 가면 다음에 다시 오겠다는 마음으로 남겨두기로 했다. 내일은 열이 내리고 컨디션이 회복되길 바라며 걱정스러운 마음으로 침대에 누웠다.

올드 에어포트 활주로를 달리며

아침 6:30. 아이가 아픈 날은 깊은 잠에 들지 못한다. 눈을 뜨
니 방 안은 아직 조용하고, 딸은 깊은 잠에 빠져 있었다. 조심
스럽게 딸의 이마, 배, 목을 눈과 손으로 살피며 열이 있는지
확인했다. 다행히 열은 없다. 딸이 계속 잘 수 있도록 암막 커
튼을 쳐주고, 아내와 함께 머그잔을 들고 조용히 방을 나선다.

리셉션 테이블에 앉아 인스턴트커피를 마시는데, 핑크가 웃
으며 다가온다. 아내는 긴장하면서 눈을 반짝인다. 핑크가 아
침마다 전날 가르쳐준 베트남어 간단 회화를 시험하기 때문
이다. 아내는 땀을 흘리며 자동 반사처럼 베트남어로 인사를

건넨다.

핑크는 아내의 노력을 칭찬하며, 포스트잇에 뭔가를 적어 준다. 다음날까지 익혀야 할 베트남어였다. 아내는 그녀가 가르쳐 준 베트남어로 "신짜오… 방 퀘 크홍? 또이 퀘… 깜언!"이라고 말해본다. 한국어로는 "안녕… 어떻게 지내니? 나는 좋아… 고마워!"이다. 핑크는 내일 테스트를 하겠다고 말했다. 아내는 선생님 앞의 학생처럼 긴장하며 이런 부드러운 시험이 더 사람을 긴장하게 만든다고 말했다.

아내는 똑똑한 학생처럼 자신이 알고 있는 답에 대한 질문도 했다. 자신보다 나이가 많은 여자는 찌. 어리면 엠. 오빠면 안. 이것이 맞냐고 핑크에게 묻는 것이었다. 핑크는 아주 밝게 웃으며 "베리 굿!"이라고 했다.

사장님이 지나가실 때, 아내는 새로 배운 베트남어로 인사를 건넨다. 사장님은 고개를 끄덕이며 이층을 가리키며 우리에게 밥을 먹으라고 한다. 아내는 오늘 만나는 사람 모두에게 조금더 정교한 베트남어로 인사해보겠다고 한다. 커피를 마시고 방으로 돌아오니, 딸이 눈을 떴지만 더 자고 싶다고 했다.

나와 아내만 조식을 먹고 내려왔다. 푸꾸옥에서는 거의 매일 외식을 하고 있다. 고기류가 빠지지 않는 식사에, 자주 가는 식당에서는 양을 더 많이 주셨다. 너무나 고마운 마음이기에 모두 다 먹었다. 계속적인 과식 상태에 빠져 있어서일까? 우리들의 컨디션은 들쭉날쭉하고 있었다.

오전 시간 동안, 딸은 거의 침대에만 누워있었다. 아이가 일어난 늦은 오후가 되어서야 우리는 PHO 88 Ha Noi 로 식사를 하러 갔다. 자리에 앉아 치킨 쌀국수, 해산물 볶음밥, 그리고 모닝글로리를 주문했다. 하지만 아이는 식사 도중 힘들어했고, 땀을 뻘뻘 흘리며 겨우겨우 먹었다. 우리는 얼른 리조트로 돌아가기로 했다. 맥박을 체크하던 아내의 얼굴에는 긴장이 역력했다. 아이는 "머리와 몸의 연결이 끊어지는 것 같다, 잠들어 있는 것 같다"며 듣기에도 불길한 말을 했다.

아이의 맥박이 정상 범위를 넘어섰음을 확인하고 우리는 급히 빈맥병원으로 가기로 했다. 그랩을 호출하자 리조트 옆집에 사는 기사님이 빠르게 응답하여 우리를 병원으로 데려갔다. 아내는 차 안에서 빈맥병원에 대한 리뷰들을 확인하며, 디파짓 비용을 월렛카드에 충전하고, 필요한 말들을 구글 번역기로 돌려 스크린샷을 찍었다.

병원에 도착하여 환자의 인적 사항을 기재하고, 간호사가 아이를 병상으로 안내했다. 우리는 영어로 대답하며 간호사와 소통했다. 의사가 우리 병상으로 와서 아이의 상태를 자세히 물었고, 우리는 번역기로 대답을 보여주었다.

"어제 열을 떨어트리려고 리조트 수영장에 있었다"고 설명하고 나니, 의사는 고개를 끄덕이며 샤워하고 충분히 수분을 섭취하라고 조언했다. 그리고 복부를 촉진하고 먹은 약과 증상에 대해 몇 가지 더 물어보았다. 구글 번역기는 거의 막힘없이 이 모든 언어적 문제를 해결해 주었다.

의사는 일사병 증상이며 약물이나 치료는 필요치 않으며, 쉬는 것이 가장 좋은 치료법이라고 말했다. 우리는 안도의 숨을 내쉴 수 있었다. 맥박이 빠른 것은 체온의 변화 때문이었다.

의사와 인사 후 병원비를 내러 갔으나 병원 측은 돈 낼 것 없다고 하며, 파란색 아오자이를 입은 간호사가 한국말로 "감사합니다"라고 인사해주었다. 우린 폴더처럼 허리를 접으며 그제서야 큰 목소리로 "우리가 더 고맙습니다"라고 말할 수 있었다. 간호사의 아오자이는 그 순간 이 세상에서 가장 아름다워 보였다.

열사병이나 일사병 같은 증상은 이곳에서 그리 낯선 일이 아니었다. 어젯밤이 조금 위험한 감은 있었지만, 한국에서 가져온 타이레놀을 먹이지 않은 건 신의 한 수처럼 느껴졌다. 몸이 스스로 열을 발산하는 것을 막지 않는 게 옳았던 것이다.

우리가 그 상황에서 내린 세심한 판단은 정말로 옳았다. 수영장에서 한 시간 동안 몸을 담그게 하고 계속해서 뜨거운 물에 푸꾸옥 레몬 소금을 타서 마시게 함으로써 아이의 체온은 서서히 정상으로 돌아왔었다.

빈맥병원을 나서며 우리는 손을 잡고 고개를 들었다. 그 순간, 빈원더스의 불이 켜진 대관람차는 환상적인 광경을 연출하고 있었다. 다행히 아이의 상태도 한결 나아 보였다. 아내의 얼굴에서 긴장의 빛은 아직 사라지지 않았지만, 우리는 T2 빈버스 정류장으로 향했다.

어두워진 빈펄 타운을 걷는 것은 묘한 경험이었다. 그랜드 월드를 지나치며 들려오는 띤호아 공연 전의 무료 공연 노랫소리가 마음을 편안하게 만들었다. 터미널에는 이미 다른 가족들이 있었다. 엄마와 아빠는 지친 듯 보였고, 아이는 떼를 쓰고 있었다. 그들의 피곤함이 느껴졌다. 그들을 보며, '여행은 때로는 모험이 아닌 생존 훈련 같다'는 생각이 들었다.

10분 간격으로 운행하는 빈버스 덕분에 금방 탑승할 수 있었다. 시원한 버스 안에 앉자, 비로소 조금씩 긴장이 풀려갔다. 일사병의 공포에 대해 어젯밤부터 지금까지의 일들을 돌이켜 보며 이야기를 나누었다.

리조트에서 가까운 정류장에 내려 골목으로 들어오자 동생네 주스 가게가 보였다. 동생에게 빈맥병원에 다녀왔다고 말하자, 그녀는 걱정스러운 얼굴로 코코넛을 권했다. 나와 아이는 코코넛을 마시고, 아내는 333맥주를 두 캔 마셨다.

남은 맥주와 코코넛을 들고 리조트로 돌아와 우리는 바로 수영복으로 갈아입고 수영장으로 갔다. 오늘 하루의 긴장이 풀어지는 것 같았다.

병원까지 우리를 데려다준 그랩 기사님이 카톡으로 안부를 물어왔다. 한국어로 호텔에 잘 돌아왔는지, 괜찮은지를 확인하고, 궁금한 게 있으면 언제든지 물어보라고 했다. 푸꾸옥의 더운 날씨에는 평소에 물을 많이 마시라는 당부도 잊지 않았다. 그의 따뜻한 배려에 마음이 뭉클했다.

튜나 샌드위치, 반쎄오, 크리스피 시푸드 누들

아내는 밤새 알람을 맞추어 놓고 열심히 아이의 열 체크를 했다. 그 덕분에 나는 깊이 잠들 수 있었다. 아침에 일어나 조용히 방을 나서 조식당으로 향했다. 커피를 마시며 어젯밤의 예상치 못한 모험에 대해 이야기했다. 그런 우리가 서로에게 '정말 다행이야'라고 말하는 것은 서로를 안심시키기 위함이었다.

아침이 되어도 열이 정상인 것 같아 조금은 여유롭게 커피를 마실 수 있었다. 스스로 깰 때까지 방에 둔 채, 우리는 노트북을 가지고 리셉션으로 나왔다. 그때, 핑크가 다가와 어젯밤에 무슨 일이 있었는지, 딸이 괜찮은지 물었다. 병원 다녀온 이야기를 하니, 핑크는 필요한 것이 있으면 언제든 말하라며 안심시켰다.

아내의 인스타그램에서 디엠 알림 소리가 들렸다. 주스 가게 동생이 딸의 상태를 걱정하며 베트남어로 메시지를 보내왔다. 아내도 번역기를 돌려 '다행히 열이 떨어지고 아직 자고 있다. 이따가 만나자'고 답장을 보냈다.

현재 시간은 오전 11:15. 아직도 자고 있는 아이. 얼른 괜찮아지기를 바란다. 아이는 평소에도 필요한 것이 있어도 잘 말하지 않는 편이고, 배려심이 깊다. 몸이 아프거나 불편할 때, 우리가 걱정할까 봐 더욱 그런 것 같다. 그런 아이가 몸과 머리의 연결이 끊어진 것 같다고 말했을 때, 정말 무섭고 걱정됐다.

여행도 중요하지만, 모든 것보다 중요한 것은 건강이다. 건강해야 무엇이든 할 수 있다. 이런 상황에서도 친절하고 따뜻한 푸꾸옥 사람들의 배려에 감사했다. 오늘은 푹 쉬면서 어제 사온 수박과 망고를 먹으며 물도 충분히 마시게 해야겠다고 생각했다.

정오가 되어 동생네 주스 가게에 들렀다. 체감온도 40도. 더위와 함께 커피에 대한 갈망이 몰려왔다. 가게 안에는 온 가족이 점심을 먹고 있었다. 하얀 그릇에 담긴 반찬을 나누어 먹는 그들의 모습이 어찌나 정겨운지. 아들은 아빠를, 딸은 엄마를 꼭 빼닮았다. 학교를 마치고 돌아온 아이들도 가족과 함께 점심을 즐기고 잠시 휴식을 취한 뒤 다시 학교로 향한다고 했다.

가족들이 식사를 천천히 마칠 수 있도록 기다리겠다고 말했다. 식사를 마치고 난 뒤, 주스 가게 동생은 우리 딸의 건강을 걱정하며 물었다. 아내는 '아직 자고 있어. 쉬어야 할 것 같아'라고 구글 번역기를 통해 대답했고, 아보카도 스무디와 카페다를 주문했다.

아보카도 스무디는 굉장히 부자 된 기분과 건강해지는 기분을 동시에 선사한다. 아보카도는 크림처럼 부드러웠다. 은은히 달달한 초록빛을 보고만 있어도 건강해지는 것 같다. 카페다는, 체감온도 40도를 이기게 만들어 주는 지구의 유일한 음료 같았다. 달콤함으로 더위를 이기는 기분이 든다.

오후 한 시가 조금 넘어서야 딸이 일어났다. 어제보다 상태가 훨씬 나아진 것 같아 안도의 한숨을 쉬었다. 우리는 수박과 망고로 만든 화채를 먹으며, 에어컨을 틀어 시원하게 해주었다. 열은 많이 떨어졌고, 정신도 맑아진 것 같다고 딸이 말했다.

해가 지기 시작할 무렵, 우리는 근처의 TUNA RESTAURANT에 가보기로 했다. 저녁 시간대가 되면 손님으로 붐비는 그곳에서는 다양한 바다 생선 요리를 맛볼 수 있다. 딸이 고른 튜나 샌드위치와 반쎄오, 크리스피 시푸드 누들을 주문했다. 식당의 전기밥솥이 어릴 적 내가 집에서 사용하던 것과 너무 비슷해, 마치 과거로 돌아간 듯한 기분이 들었다. 딸은 어제보다 입맛이 돌아와 맛있게 식사를 했다.

저녁이면 킹콩마트까지의 산책이 우리의 오후 루틴이다. 그런데, 아마 키가 커서 그런지 아이가 조금 흐느적거리며 걷는 것 같았다. 킹콩마트 안으로 들어가자, 에어컨 때문에 춥다고 했다. 아직도 몸에 남은 열기 때문에 걱정이 됐다.

집으로 돌아오는 길에, 앞머리를 묶은 아가씨가 귀여운 모습으로 손님을 끌어들이는 젤라또 가게를 지나쳤다. 약간 비싼 감이 있어 먹지는 않았다. 아내는 한 번 먹어보라는 아가씨의 말에 "쭉 응언~"하며 답했다. 쭉 응언은, 잘 자라는 인사였다.

은근히 세련된 거절 방법이다. 앞으로도 누군가 호객을 하면 "쭉 응언~"하기로 했다.

아마도 우리는 너무 많이 돌아다녔나 보다. 너무 의욕적으로 돌아다닌 탓에 피곤이 쌓였나 보다. 빈원더스 아쿠아리움을 방문하고 싶었지만, 딸의 컨디션을 보며 계획을 수정해야 할 것 같다. 리조트로 돌아온 뒤, 딸의 열이 조금씩 오르락내리락 했다. 결국 찬물 샤워를 한 뒤, 아이는 잠이 들었다.

1, Hello – Xin chào !

2, How are you ?
   Bạn khỏe không ?

3, I'm good, thank you
   Tôi khỏe, cảm ơn !

핑크의 간단 베트남어 회화

푸꾸옥의 새벽은 신선한 커피 한 모금과도 같은 기분을 준다. 하루를 시작하는 그 첫 순간이 얼마나 상큼할 수 있는지, 그곳에서만 느낄 수 있는 특별한 매력이 있다. 나는 아이의 이마를 짚으며 밤새도록 건강을 염려했던 지난 시간들을 떠올렸다. 다행히도 아이는 괜찮아 보였다.

아침이 밝자마자 나는 커피를 찾아 조식당으로 향했다. 오늘따라 유난히 한산한 분위기에, 늦게까지 놀았던 관광객들이 아직 꿈나라에 있는 것 같다는 생각이 들었다. 이런 여유로운 아침을 맞이할 수 있다니, 여행의 소소한 행복 중 하나가 아닐까.

커피 한 잔을 손에 쥔 채 리셉션에 앉아 있자니, 아내가 갑자기 긴장하며 중얼거렸다. 아내의 베트남어 선생님 핑크가 찾아왔다. 오늘은 무슨 베트남어를 가르쳐줄까? 그녀의 수업은 날이 갈수록 점점 길어지고 있다. 그래도 아내는 열심히 배우려는 자세로 임하고 있다. "못, 하이, 바, 본…" 하며 숫자를 세는 것부터 시작해, 인사부터 식당에서 쓸 수 있는 기본 회화까지, 핑크의 수업은 정말 꼼꼼했다.

"찌 바오 니에우 뚜오이?" 나이를 물어보는 핑크에게, 아내는 "또이 본 므어이 본 뚜오이. 나는 44세입니다."라고 대답했다. 이렇게 대화를 나누다 보니, 베트남어의 성조가 한글과는 다르다는 것, 그리고 말이 얼마나 귀여운 느낌을 주는지를 느낄 수 있었다. 약간 불어 느낌도 났다.

핑크는 내일 또 테스트를 보겠다며 웃으며 바이바이를 했다. 선선한 바람이 불어오는 푸꾸옥의 아침, 핑크와의 베트남어 회화 시간은 정말 독특한 경험이었다. 아내는 이마의 땀을 닦아냈다. 한 달 동안 꾸준히 배우면 할 수 있는 말이 꽤나 늘어날 것 같다는 생각에, 나는 조금 더 열심히 하라고 격려했다.

그렇게 푸꾸옥에서의 하루는 시작됐다. 커피 한 잔으로 시작해, 핑크와의 베트남어 수업으로 이어지는 이 여유로운 아침. 아마도 이 순간들이 나중에 돌이켜볼 때, 여행의 소중한 추억 중 하나로 남을 것 같다. 이렇게 말이다, "푸꾸옥의 아침은 항상 새롭고, 반가운 핑크의 수업과 함께한다."

아침 10시의 푸꾸옥, 태양은 이미 중천에 떠 있었다. 아내와 나는 오랜만에 양동이를 들고 점심에 먹을 분짜를 사러 갔다. 분짜집에 도착했는데, 무슨 일인가 싶을 정도로 이미 거의 다 팔렸다. 문을 닫기 직전이었다. '아, 오늘 오길 잘했다'는 생각이 들었다. 분짜와 반꾸온을 주문하고, 기다리는 동안 눈에 띈 종이 한 장. 번역기를 돌려보니 '3/23~3/26까지 휴무'라고 적혀 있었다. 분짜 찌에게 물었다, "3일 동안 문 안 여는 거예요?" 고개를 끄덕이는 그녀. 아, 오늘 오길 잘했다는 생각이 다시 한번 들었다.

분짜와 반꾸온을 받아 리조트로 돌아왔다. 아내는 분짜 언니가 5인분은 넣어 준 것 같다고 말했다. 흔들면 안 되는데도 불구하고, 나는 분짜통을 조심스레 흔들며 돌아왔다. 오늘의 분짜는 특별히 숯불 돼지고기 완자와 삼겹구이가 가득 차 있었다. "아… 그냥 정량만 줘도 되는데…" 아내는 분짜 찌의 사랑에 어쩔 줄 몰라 했다.

딸이 먹고 싶어 했던 분짜를 조금씩 덜어 먹기 시작했다. 나는 "저녁에 먹을게"라며 아보카도 주스만 마시고, 아내는 옆에서 조금 동참했다. 그리고 3시간 후, 아내의 배는 또 묵직해지고 말았다. 아내는 낮잠을 자고 일어나 레몬소금을 찾았다. 만약 배탈이라면 나는 어두워지기 전에 준비를 하고 싶었다. "왜? 배 아파?" 그렇다는 아내. 나는 급히 양산을 쓰고 소화제를 사러 나섰다.

왜 돼지고기만 먹으면 문제가 생기는 건지, 이해할 수 없다. 아내는 내가 약국에 간 사이 포트에 물을 끓여 레몬소금 물을 다섯 잔이나 마셨다고 했다. 그랬더니 뭔가 쑥 내려가는 걸 느꼈다고. 속이 좀 풀리는가 싶어 소화제를 씹어 먹으니, 마침내 가벼워지는 느낌이 든다고 했다. 정말 다행이다 싶었다.

해외 생활에 몸이 적응 중인가 보다. 우리가 자주 탈이 나는 것도 아마 환경이 바뀌어서겠지. 결국은, 안전하게 여행을 즐기고 돌아가는 것이 최선이다.

이런 생각을 하며, 우리는 미루어둔 빈원더스 탐방 계획을 세웠다. 기분 전환도 하고 싶었다. 빈원더스 공식 홈페이지에서 예약을 하고 QR 코드 입장권을 받았다. 더위에 지치지 않도록, 물을 충분히 챙겨야겠다는 생각이 들었다. 오늘 하루, 돼지고기의 배신에도 불구하고, 여전히 푸꾸옥의 매력에 푹 빠져있었다.

인어공주와 복수의 여신

세상일이 그렇듯, 여행은 늘 순탄치만은 않다. 돌아가며 탈이
나서, 우리는 한동안 푸꾸옥 휴양 모드에 있었다. 몸이 여행의
피로를 이기지 못해 탈이 나서 쉬어야만 했다. 그러나 아내와
딸은 조금씩 몸을 움직이며, 사부작사부작 건강을 회복했다.

드디어 오늘, 우리는 어제 예약한 QR 코드를 높이 들어 올리
며 관광객 모드로 전환하기로 결심했다. 나는 간단하게 아메
리카노 한 잔. 딸은 주스 한 잔. 아내는 조식으로 나온 채소와
과일을 위주로 먹었다. 혹시나 워터파크에 갈지도 모르니, 비
치타올과 수영복을 노란색 킹콩마트 봉투에 챙겼다. 그리고

9:30쯤에는 그랜드월드행 빈버스에 올라탔다.

주말이라 그런지 버스는 사람으로 북적였다. 창밖으로 보이는 길에서 팔고 있는 아주 잘 익은 노란 파인애플이 눈에 띄었다. "5.000동이면 우리 돈으로 250원 정도 되나?" 생각하면서 가격에 놀랐다. 한국에서 250원으로 살 수 있는 걸 생각해 봤는데, 우린 끝내 아무것도 찾지 못했다.

올드 에어포트의 광활한 활주로를 날듯이 달려 그랜드월드에 도착해 우리는 'V'로 시작하는 빈셔틀 버스로 갈아타고 빈원더스로 향했다. 사파리를 가는 관광객들로 붐볐지만 우리의 목적지는 빈원더스였다.

빈원더스에 도착해 입장권을 찍고 정문을 통과하여 오른쪽에 위치한 아쿠아리움으로 향했다. 언덕을 조금 올라가자 멀리 거북이의 머리가 보이기 시작했다. 입구에 가까워지자 드디어 거북이의 얼굴을 볼 수 있었다.

유튜브로 볼 때와는 전혀 다른 느낌이었다. 거북이가 모형이나 장난감처럼 보였다면, 실제로 보는 거북이는 너무나 거대해 머리와 몸통 일부만 볼 수 있을 뿐이었다. 아쿠아리움 건물

전체를 몸통으로 덮고 있기 때문이었다. 거북이 입에서 떨어지는 물은 거의 폭포였다.

우리는 아쿠아리움 안으로 들어갔다. 깊이가 30미터는 되어 보이는 거대한 통유리로 된 아쿠아리움이 나왔다. 상상하던 것보다 압도적인 규모였다. 인어 쇼를 보기 위해 앞줄에 자리를 잡고 앉았다. 시간이 되자 아쿠아리움 속 깊은 곳에서 잠수복을 입은 안전요원 두 명이 등장해 관객들에게 인사를 하고 손으로 하트를 만들었다. 그 모습에 아이들이 소리를 지르며 즐거워하는 것을 보니, 나도 모르게 미소가 지어졌다.

나레이션과 함께, 세 명의 인어 의상을 입은 여성들이 물속에서 우아하게 등장해 이야기를 이끌었다. 인어공주들이 바다의 보물인 진주를 잃어버리고, 잠수복을 입은 인간들이 도움을 준다는 내용 같았다. 아쿠아리움 안에서, 수많은 물고기와 함께 움직이는 그들의 모습은 동화 속으로 들어온 기분을 선사해 주었다.

나도 모르게 어린 시절의 상상이 현실로 다가왔다. 그 모습을 보던 예쁘게 치마를 입은 아기가 아장아장 걸어 다니며 인어 공주에게 손을 흔들었다. 아마 그 아기 눈에는 그들이 진짜 인어공주로 보였을 것이다.

그런데, 황홀할 정도로 아름다운 장면이었지만 나는 점점 아슬아슬했다. 진짜 인어공주는 아니라는 걸 알기에 공연 시간이 지날수록, 아 힘들겠다, 괜찮을까? 내심 걱정이 많이 됐다. 아무리 안전요원이 있다고 해도, 깊이가 정말 정말 대단했다.

수중에 있으면 가슴이 압력을 받아 심호흡이 어렵다. 거기다 엄청난 무게의 인어 꼬리까지 달고 있다. 그 무게와 저항을 이겨내며 물속으로 잠수하는 것이었다. 몸의 산소 농도는 몸을 움직일수록 급격하게 떨어지게 된다. 꼬리를 움직일 때마다 아마 산소가 쭉쭉 떨어질 것이다. 맥박은 빨라지고. 중간중간 압력으로 막힌 귀를 뚫기 위해 코를 막으며 이퀄라이징하는 모습은 이들이 정말 깊이 잠수한다는 것을 알게 해 주었다.

수직으로 내려와 공연을 하고, 다시 수평으로 반대쪽으로 이동해 공연한 뒤 위로 상승하는 모습이었다. 보는 내내 조마조마한 만큼 더 대단하고 아름다워 보이는 공연이었다. 두려움을 이겨내며 연기하는 모습은 감탄을 넘어 찬사를 하게 만들었다. 더구나 상승하는 도중에는 자신의 생명 같은 공기를 내뿜어 물거품으로 하트를 만들기까지 했다.

30여 분 동안 자신들의 모든 것을 쏟아내며 공연한 인어들이 안전요원의 도움을 받아 퇴장하는 모습에서는 왠지 모를 감동이 느껴졌다.

공연이 끝난 후, 아쿠아리움을 천천히 둘러보는 것도 즐거웠다. 쾌적한 온도 속에서, 화려한 색감의 물고기들 사이를 유유자적 거리며, 시간이 어떻게 흘러가는지 모를 정도였다. 크고 작은 이 세계와는 다른 행성에서 온 듯한 물고기들 사이에서 우리는 잠시 다른 세계로 빠져들었다.

그 후, 약간의 배고픔을 느끼며 우리는 롯데리아로 향했다. 여기서는 다소 의외의 메뉴인 꼼 가(베트남식 치밥)를 판매하고 있었다. 아내와 딸은 각자 다른 종류의 꼼 가를 주문하고, 나는 음료수를 사 오겠다고 했다. 일사병으로 고생한 선셋타운을 떠올리며 나는 마트에 가서 음료수 3병과 1.5리터 생수를 샀다. 가격에 프리미엄이 붙지 않아, 빈원더스 전체에 굉장히 호감을 갖게 만들었다. 간단하면서도 맛있는 점심을 먹고, 날이 더우니 워터파크로 가기로 했다.

워터파크에 도착해 강렬한 한낮의 햇살을 온몸으로 받으며 우리는 가방을 맡기고 밖으로 뛰쳐나왔다. 온몸이 흥분으로 덜덜 떨려왔다. 워터파크에 생전 처음 와 보았다. 바로 앞에 거대한 정글짐처럼 보이는 구조물이 보였다. 폭포가 쏟아지고, 물대포가 뿜어져 나오고, 바닥에서 물줄기가 쉴 새 없이 솟구치고 있었다. 아드레날린 뿜뿜이다.

우린 여길 먼저 공략하기로 하고 나부터 달려갔다. 물이 굉장히 차갑다. 얼굴과 귀로도 물대포가 날아왔다. 소리를 꽥 지르며 아내와 딸에게 오라고 손짓했다. 두 사람은 두려움에 떨다가 나의 손을 잡고 한 층 올라왔다. 다음 층은 폭포를 뚫고 미끄러운 발판을 지나야 했다. 나는 거의 기다시피, 이번에도 즐거움의 비명을 지르며 통과했다. 두 사람도 엉금엉금 올라오고 있다. 귀에 물이 들어갔지만 나는 더 높은 곳으로, 물 대포를 맞을 때마다 꽥 외마디 비명을 지르며 올라갔다. 마치 영웅이 된 기분이었다.

꼭대기에 올라가서 워터슬라이드를 타고 탈출하는 것이 목표였다. 나는 꼭대기에 이르러 워터슬라이드로 다가갔다. 그 순간, 비옷을 입고 우리의 모습을 관찰하던 안전요원이 다가왔다. 그리고 표지판을 가리키며 고개를 저었다. 자세히 보니 이곳은 140센티미터 이하의 어린아이들만 이용할 수 있는 놀이

시설이었던 것이다. 진짜? 이게 어린아이만 탈 수 있다고? 이렇게 강력한데? 우린 물대포를 맞으며, 폭포를 지나 다시 원위치로 내려왔다.

여기저기서 들려오는 웃음소리와 물놀이를 즐기는 사람들 사이에서, 우리는 순수한 즐거움에 몸을 맡겼다. 눈앞에 들어오는 놀이 시설마다 올라가서 타고 내려왔다.

튜브를 타고 내려오며 엉덩이에 불이 나는 기분도 느꼈다. 엉덩이가 작고 살이 없는 사람이 타면, 어쩌면 굉장히 비명을 많이 지르겠다 싶었다. 높은 곳에서 떨어지는 건 우리 모두 타지 않았다. 왜냐면, 그걸 타고 내려오면 지구 끝까지 날아갈 것처럼 무서웠기 때문이다.

의외로 가장 재밌었던 것은 유수풀이었다. 튜브에 앉아 동동 떠다니는 것이었다. 느린 속도가 지루하지는 않았다. 서로의 튜브가 가까워지면 우린 서로의 발가락을 붙잡고 흔들면서 멀리 밀거나 당겨, 서로를 괴롭힘으로써 무료함을 달랬기 때문이었다.

넓고 쾌적한 이곳에서의 하루는 정말 가치가 있었다. 사람도 많지 않고 대기 시간 없이 놀 수 있어서 좋았다. 우리는 아찔한 슬라이드도 타고, 둥둥 떠다니며 물의 흐름을 따라갔다. 틈틈이 뜨거운 햇볕 아래에서 마신 물과 음료는 생명수와도 같았고, 덕분에 물놀이를 더 즐길 수 있었다. 이거였다. 일사병을 피하기 위해선 다량의 수분 섭취가 필수였다.

신나게 놀고 나서는 순서대로 샤워를 하고 마른 옷으로 갈아입었다. 그 순간, 모든 피로가 씻겨 나가는 듯했다. 크게 기대한 것은 아니었다. 어린아이들을 위한 시설이라고만 생각했으니까. 하지만 막상 나와 아내가 더 신나게 놀았던 것 같다. 어린아이가 되어 워터파크에서 비명을 지르다니. 하지만 이게 시작일 줄, 나는 이때까지 몰랐다.

아쿠아리움과 워터파크에서 놀았다. 자, 마침내 놀이공원이다. 우리 외동딸, 그녀에게 청룡열차 같은 아찔한 경험을 선물하고 싶었다. 나는 놀이공원으로 향하는 동안 이런 계략을 짜고 있었다. 딸 혼자 타게는 할 수 없으니 누군가가 함께 타야만 한다. 그럼 내가 먼저 쉬운 걸 함께 타고, 빙글빙글 도는 열차 같은 건 다음 차례인 아내와 타라고 하자. 좋았어! 그거야. 먼저 공격하는 거야.

나는 미소를 지으며 놀이공원에 갔다. 우리가 처음 마주한 놀이기구는 '네메시스의 저주'였다. 복수의 여신이라. 원래 어디든 초입에 설치된 놀이기구는 아이들용이다. 말하자면 일종의 맛보기용 놀이기구일 확률이 굉장히 높았다. 보기에도 별로 아찔해 보이지 않았다. 저거다! 나는 속으로 외치며 네메시스의 저주를 가리켰다.

호기롭게 나서서 딸과 함께 타기로 했다. 대기 시간도 없고, 사람도 적당해 보였다. 사람들이 모두 탑승하자 위에서 안전바가 내려왔다. 매우 튼튼해 보이는 안전바였다. 약간 불안한 기분을 느꼈다. 살짝 흔들거면 이런 안전바는 내려오지 않을 것이다.

왜 불길한 예감은 틀리지 않을까? 놀이기구가 움직이기 시작하면서 혼돈의 시간이 되었다. 모든 사람이 비명 합창곡을 노래하기 시작한다. 놀이기구가 하늘에서 사람들을 잡아서 돌리기 시작한 것이다.

나는 세상의 모든 저주를 퍼부으며 비명을 질렀다. "하지마!"에서 시작했다. 그러다 점점 "내가 잘할게요."라고 애원하게 된다. 그리고 "진짜야. 맹세할 수 있어. 착하게 살게요. 제발!

제발!" 하고 빌게 된다. 그리고 나중에는 "제발! 제발! 오 제발!" 간절하게 이 놀이기구가 멈추기를 온몸으로 기도하게 된다.

"그만, 아!!! 멈춰요! 으악!" 나의 소리 지르는 것이 들릴 리 없었고 직원은 오히려 더 신나 보였다. 길고 긴 시간이 지나고, 기구가 멈춰서자 사람들이 영혼이 빠진 명한 얼굴로 정신없이 퇴장했다. 우리는 그늘진 벤치에 잠시 앉았다. 딸은 너무나 재밌었다고 했다. 십 대의 허세를 눈치챈 아내는 "혼자 다시한번 탈래?" 묻자 딸은 갑자기 약간의 어지러움이 느껴진다며 다음을 기약하자고 했다.

"이거 타기 전에 뭐 먹었으면 토했을 거 같아." 나의 진실된 리뷰였다. 아내는 "당신은 한순간도 눈을 뜨지 않고 있었어. 눈을 감고 살려달라고 주문을 외우고 있는 얼굴이었어."라며 나를 한참이나 놀려 먹었다. 나는 롯데월드에서 아기들이 타는 것처럼 생각했다며, 계획을 털어놓았다. 아내는 그 때서야 내가 웃으며 달려 나간 이유를 알겠다고 했다. 어지럼증을 다독이고 우리는 소프트아이스크림을 먹으며 숨을 고르기로 했다.

두 번째 놀이기구는, 이번엔 아내가 도전하기로 했다. 할아버지, 할머니들도 타는 걸 보니 조금은 심심해 보였다. 하지만 이 역시 빙글빙글 위아래로 정방향, 역방향으로 돌아가는 걸 보니 나는 매우 흐뭇한 마음이 되었다. 다른 사람이 지르는 비명은 참으로 듣기 좋았다. 빙글빙글 도는 단순한 놀이기구였는데, 속도가 굉장했다. 안전벨트가 없었다면 아마 저 멀리 사람들이 날아가 버릴 것처럼 빠른 속도였다.

이제 우리는 놀이공원의 마지막 목적지인 거대한 대관람차로 향했다. 높이 올라가며 펼쳐지는 전경을 바라보니, 아름다움과 두려움이 동시에 느껴졌다. 바다 저 멀리 수평선이 펼쳐지지만 동시에 천천히 점점 높은 곳으로 올라가기 때문이었다.

대관람차가 정말 거대했다. 아래에 있을 때는 몰랐는데 거대한 원을 그리며 점차 하늘로 올라갈 때면, 두려움과 공포도 비례하여 올라가게 된다. 아내는 자리에 꼼짝 않고 손잡이를 꼭 잡고 있었다. 말도 안 하고, 우리가 움직일라치면 제발 가만히 있으라고 명령했다. 하늘 끝까지 올라간 대관람차가 천천히 내려올 때, 긴장이 서서히 풀리는 것을 느꼈다.

우리는 더 이상 놀이기구를 타지 않기로 하고, 저녁을 먹으러 가기로 결정했다. 두려움을 이겨낼 에너지가 바닥이었다. 그러나 빈원더스는 우리를 쉽사리 보내주지 않았다. 마지막으로 우리의 발걸음을 붙잡은 건, 돈 한 푼 들지 않고 즐길 수 있는 무료 게임존이었다. 스트리트 파이터부터 총 쏘는 게임, 스피드를 즐기는 운전 게임, 농구 게임까지 다양했다. 스타트 버튼만 누르면 그 시작과 함께 우리의 시간도 즐겁게 흘러갔다.

아내의 말에 의하면 내가 여기서 가장 해맑게 웃었다고 한다. 딸은 가장 진지한 얼굴로 트랜스포머 옵티머스 프라임의 동료가 되어 적을 공격하는 모습이었다고. 자신이 잠시 화장실에 다녀 온 사이 나와 딸은 게임 속 치열한 전투를 하고 있었다고 말했다.

저녁은 그동안 꼭 가보고 싶었던 동네 식당 May Restaurant으로 정했다. 노을 지는 바다를 뒤로하고 돌아오는 길, 항상 이 가게는 사람으로 북적였다.

우리는 야채커리와 볶음밥, 오징어튀김, 그리고 할아버지 생맥주까지. 음식이 하나하나 나올 때마다 우리의 반응은 마치 미식가들의 테이스팅 쇼처럼 열정적이었다. 오징어 메이 스페셜은 마치 미식의 성지를 찾은 듯, 마늘과 버터, 오징어의 조화는 우리를 미식의 세계로 인도했다. 푸꾸옥에서 무심코 많이 먹었던 돼지고기 대신, 채소와 과일 위주로 식사를 하니 몸과 마음이 한결 가벼워졌다.

식사 후, 우리는 골목길 동생의 주스 가게에 들렀다. 동생이 반가운 마음을 담아 "찌어이 리~"라고 부르자, 아내는 그 따뜻함에 "엠어이 리~"라고 화답했다. 그녀가 우리를 기다린 것 같아 마음이 따뜻해졌다.

다음 코스는 동네 슈퍼였다. 언제나 무뚝뚝했던 젊은 여직원이 오늘따라 먼저 인사를 건네고 눈길을 주는 걸 보며, 우리가 이곳에 스며들고 있음을 느꼈다. 나는 오늘의 즐거움을 초콜릿으로 더 달콤하게 마무리하고자 한 개 구입했다.

리조트에 돌아와 수영복을 정리하다 보니 나의 수영팬티가 없어졌다는 것을 알았다. 기억을 되돌려보니 워터파크 샤워실에서 나올 때 비치타올만 들고나왔던 것 같다. 그렇게 나는 빈원더스에 수영팬티를 남기고 아내와 딸에게 웃음거리를 하나 더 선사했다.

하루 종일 신나게 놀고 돌아온 우리는, 밤늦게까지 오늘 찍은 사진들을 보며 달콤한 초콜릿을 즐기며 이야기를 나눴다. 행복할 때 먹는 초콜릿은 그 순간의 달콤함이 느껴지는 맛이다. 나이트 자스민 향기 속에서 우리의 하루는 그렇게 행복하게 마무리되었다. 어느 더운 날, 세 명의 아이가 푸꾸옥의 신비로운 아쿠아리움과 워터파크를 탐험한 날이었다.

망고스무디 쥬빌레

먼저 일어난 우리는 딸을 방에 두고 조식당으로 올라갔다. 아침부터 얼마나 열심히 일어난 건지, 태양도 놀랐을 것이다. 아내는 오늘의 간단 베트남어 회화 테스트를 위해 한 번 더 복습을 하고 있었다. "단어 하나하나가 내 머릿속에서 춤을 추는데, 춤추는 방식이 나의 초등학교 졸업식 때의 모습 같아. 아주 엉터리지."

조식당에 올라와 투숙객들의 상태를 체크하고 인사를 나누는 핑크가 우리 테이블에 왔다. 핑크는 마치 핑크빛 햇살처럼 밝고 친절했다. 아내가 알아들을 수 있도록 회화를 시작했고, 약간의 긴장감이 더해진 테스트 시간이 지났다. 아내는 인중에 난 땀을 닦지도 못하고 허허 웃으며 울 것 같은 표정이었다. 잘했다고 칭찬을 듣고서야 진짜 웃을 수 있었다. 아내는 방금 올림픽에서 금메달을 딴 것처럼 기분이 좋아 보였다. 오늘은, 유어웰컴(khong co gi)과 유 투(ban cung vay)를 가르쳐주었다. 아내의 친절한 베트남어 선생님 핑크.

어제 하루 종일 빈원더스에서 잡아 돌려진 딸과 나는 근육통으로 힘들었다. 딸은 오전 10:00쯤이나 되어 겨우 일어났는데, 마치 겨울잠에서 깨어난 곰처럼 무기력해보였다. 더운 곳에서는 흔히 있는 일이기도 하다.

이곳 사람들을 보면 한낮에는 거의 해먹에 누워있다. 고속버스 짐을 싣는 곳에도 기사님이 해먹을 치고 누워있다. '세상에 서두를 일은 없다, 천천히 가도 도착할 수 있다'는 삶의 철학을 가진 것 같았다.

우리도 한낮에는 에어컨을 켜고 룸에 있다가 4시쯤 아내와 내가 그랩을 타고 킹콩마트에서 딸이 좋아하는 김치사발면과 저녁으로 먹을 빵, 그리고 나의 수영복을 사고 동생네서 수박과 포멜로, 5리터 짜리 물까지 사 들고 들어왔다. 살아있는 도라에몽처럼 가방 속에서 무엇이든 꺼내는 느낌이었다.

샤워를 하고 앉아있는 딸과 저녁을 먹고 해가 지도록 각자 할 일을 하고 밤 수영을 했다. 해가 진 다음에야 딸은 살아나는 것 같았다. 키도 크고 성장기인데, 더운 곳에서 있으려니 여간 힘든 게 아닌 모양이다. 한국에서도 한여름에는 많이 힘들어 한다.

한국에 돌아가서 일주일 만에 고등학교 졸업 시험을 치러야 한다니… 이제와서 굉장히 미안한 생각이 든다. 그런데 나는 어려운 문제일수록 감정을 섞지 않아야 한다고 생각한다. 무심히 생각하면 세상 어떤 일도 흘려보낼 수 있다. 마음속에 작은 바다를 만들어 그 안에 모든 걸 던져두는 기분이다.

밤 수영까지 마치고서 8:20쯤 동생네 주스 가게로 셋이서 걸어갔다. 어둠이 내린 팜 베이 골목길에서 도마뱀이 개구리 같은 소리를 내며 작은 날벌레를 잡거나 짝을 찾았다. 저 앞에서 목청 좋은 할머니가 노래방 마이크로 크게 노래하는 소리가 들린다. 흥겨운 리듬에 어깨를 들썩이며 지나가게 되었다. 우린 요상한 비트에 몸을 흔들었다. 온 골목이 하나의 노래방이 된 것 같은 기분이었다.

주스 가게 동생도 밤이 되니 조금 살만한 표정이었다. 자리 잡고 앉아 코코넛, 망고스무디, 아내는 바바바(333) 맥주를 주문했다. 바바바를 주는 우리 동생의 눈빛이 아내를 질책하는 듯하다. 여기는 여성들이 노상에서 맥주캔을 까는 것을 가리는 것 같기도 하고, 약간 보수적인 것 같긴 하다. 밤에도 손님이 끊이질 않는다. 아내는 구글의 도움을 받아 몇 가지 물어보았다.

"일요일인데 오늘도 10시에 퇴근해?"
"응. 매일 그 시간까지는 있어야 해."
"그럼 하루도 쉬지 않는 거잖아?"
"내가 좋아하는 일이기도 하고, 나는 아이가 둘이잖아."
이 말에 이어진 웃음은 보기에 퍽 아름다웠다.

아내가 무언가를 적어서 보여 주었다. '아들은 아빠를 닮아 잘생겼고, 딸은 너를 닮아 귀엽다'고. 동생은 자부심이 가득한 표정으로 밝게 웃으며 고맙다고 했다.

이런 행복한 순간, 바로 옆집에서는 친척들이 모여 잔치 같은 분위기다. 아내가 오늘 무슨 파티하는 날이냐고 물었다. 동생은 고개를 저었다. "오늘이 저 집 기일이다."라는 말에 약간 당황했다. 돌아가신 지 10년 된 대만 사람의 기일이었다. 흥겨운 노래를 불러서 잔치인 줄 알았다. 모여서 함께 노래를 하는 것이 푸꾸옥의 애도 문화였던 것이다. 세상에는 다양한 방식으로 기억을 되새기는 문화가 존재한다는 걸 새삼 깨달았다.

그때, 프랑스 할머니 할아버지 손님이 등장하셨다. 까다로운 요구사항을 가지고 있어서 시간이 좀 걸렸지만, 차분하고 능숙하게 주문을 처리하는 SUNNY 주스 가게 리 동생. 이 와중에도 빨래방 아이들이 우리를 보고 손을 흔들며 인사했다. 아내는 오레오 초코파이를 세 개 가지고 가서 아이들에게 건네주었다. 쑥스러워하면서도 "땡큐!"라며 인사하는 모습이 너무나 귀여웠다.

이 골목에서 가장 좋은 피부를 가진 빨래방 동생과 그녀의 두 딸. 오토바이를 탈 때 온몸을 가리는 여성들의 모습에서 건강과 미의 추구를 보았다. 마법사처럼 외출 후 돌아와 로브를 벗는 모습이 너무 멋졌다. 빨래방 엠어이의 광채 나는 피부, 마사지샵 로안의 고운 피부. 아내는 언젠가는 그 비결을 알아내야겠다고 볼 때마다 자신의 생각을 들려주었다.

프랑스 손님들도 가고, 우리도 마시다 남은 커다란 코코넛을 들고 리조트로 돌아왔다. 돌아오는 길은 언제나 푸근하다. 자리에서 일어나자 주스 가게 동생이 '마이 갑 라이'라는 말을 가르쳐 주었다. '내일 만나'라는 회화를 서로 되뇌이며 웃음꽃을 피웠다.

방으로 돌아오자 졸음이 밀려왔다. 아내가 베트남어를 공부하는 소리가 자장가처럼 들렸다. 이상할 정도로 졸음을 몰고 온다. 옆에서 내일 있을 시험 준비를 했다. 아내는 나와 딸이 잠든 이후에도 한참을 있다가 잠들었다고 한다. 이렇게 하루가 또 저물어간다. 우리의 작은 이야기들이 푸꾸옥의 골목길을 가득 채우고 있었다.

응우옌씨의 치킨

푸꾸옥에서의 마지막 주가 다가오고 있다. 내 생체리듬은 여기에 완벽하게 맞춰져 버렸고, 귀국을 생각하니 갑자기 마음 한구석이 쓸쓸해진다. 한국에서는 생각하기 힘든 리조트 생활의 여유를 만끽했다. 매일 아침 조식을 즐기고, 수영장에서 헤엄치고, 심지어 베트남어까지 배웠으니 말이다. 황제는 아니어도, 적어도 한국 생활보다는 천 배는 더 여유로운 삶이었다.

물론 한국으로 돌아가면 다시 푸꾸옥을 찾을 기회가 있을 것이다. 하지만 며칠 남지 않은 지금, 여기서의 작은 순간들이 더욱 소중하게 느껴진다. 새로운 환경, 새로운 사람들 그리고 새로운 음식들.

점심 무렵, 아내는 스무디와 주스를 사러 혼자 주스 가게로 갔다가 그냥 돌아왔다. 가게는 손님으로 북적이고, 가족들은 점심 준비로 분주했다고 전했다. 그래서 조금 있다가 다시 온다고 말하고 돌아왔다고.

점심에는 킹콩마트에서 산 얇은 면의 라면을 뜨거운 물에 익혀 맛있게 먹었다. 모든 라면이 이렇게 맛있는데, 이걸 어떻게 다 사갈까 생각도 잠시 했다. 이런 순간들이 바로 수하물 추가 신청을 하게 만드는 이유구나.

시원한 에어컨 아래에서 책을 읽고, 베트남어 회화 공부도 하며 시간을 보냈다. 오늘은 한국으로 가져갈 기념품을 사기로 했다. 양산을 들고 밖으로 나왔다.

주스 가게 근처 골목을 걷다가 만난 오토바이를 탄 아저씨가 나를 돌아봤다. 나를 동네 누군가로 착각했던 것 같다. 아내와 딸은 이제 내가 푸꾸옥 사람이 됐다며 축하해 주었다. 나는 정말 푸꾸옥 사람처럼 보였다. 썬크림을 한 번도 바르지 않아 자연스럽게 탄 피부. 멋대로 자란 수염. 부드러운 미소. 이 모든 게 푸꾸옥 뉘앙스라며 나는 마음껏 포즈를 취했다.

두 사람은 오늘부터 응우옌씨가 된 나와 버스 정류장으로 향했다. 어둠이 내리기 시작하면서 인도에는 테이블과 의자를 내놓은 식당들이 저녁 장사 준비로 분주하다. 오렌지색 조명이 불필요한 오브제를 가리며 푸꾸옥만의 분위기를 한껏 살리고 있었다. 17번 빈버스가 멀리서 소리를 내며 다가온다.

빈버스 안은 언제나 시원하고 쾌적하다. 킹콩마트에서는 필요한 기념품들을 샀다. 레몬소금, 새우소금, 그리고 코끼리 바지와 잎차까지. 욕심을 부리고 싶지만, 다음을 기약하며 필요한 만큼만 챙겼다.

나는 갑자기 치킨이 먹고 싶었다. 며칠 전 빈원더스에서 본 롯데리아 꼼 가가 그렇게 맛있어 보였다. 한국으로 돌아갈 것을 예감한 선택이었을까?

하이랜드커피 정류장에서 내려 조금 걸어가기로 했다. 시간은 밤 8시쯤, 어둠이 내리기 시작했지만 이 도시는 밤에도 살아 움직인다. 엄청난 사람과 수많은 오토바이들이 푸꾸옥의 생생한 활기를 그대로 전해주었다. 진짜, 사람 많고 복잡하고 재밌고 흥미로운 풍경이다.

이곳 롯데리아는 우리가 알던 패스트푸드점의 이미지를 벗어던진, 경양식집 같은 분위기를 가지고 있다. 손님들은 비닐장갑을 끼고 치킨을 즐기고 있었고, 우리도 이내 그 분위기에 맞춰 후라이드와 간장치킨, 한국식 양념치킨을 주문해 맛보았다.

각기 다른 크기의 치킨이지만 모두가 입을 모아 칭찬했다. 한국 롯데리아에서는 치킨을 주문해본 적 없었는데, 여기서는 진정한 치킨 맛집이다. 각각의 맛이 우리의 기대를 넘어섰다. 특히 간장이 아주 맛났다.

치킨 9조각을 먹고 나서야, 우리는 비로소 배가 부른 기분을 느꼈다. 그 가격은 무려 18,000원. 한국에서 치킨 한 마리를 먹는 것과 맞먹는 가치였다. 배부른 가격이다. 상대적으로 너무 비싼 가격은 아닌가 생각하면서도 감칠맛이 생각나 입맛을 다시게 되는, 묘한 롯데리아였다. 푸꾸옥 물가로 보면 롯데리아의 가격은 '파인다이닝' 수준이다.

든든한 저녁을 마치고 걸어오는 골목길에서 나이트 자스민의 향기가 밤공기를 달콤하게 만들었다. 밤하늘에는 밝고 맑은 여름 보름달이 떠 있어, 우리의 밤을 더욱 환하게 밝혔다.

팜 베이 리조트 104호실로 돌아와 수영복을 갈아입고는 보름 달 아래, 파파야 나무 아래서 수영장에 몸을 맡겼다. 한국으로 돌아가면 언제 다시 이렇게 수영을 즐길 수 있을지. 여러 감정 과 생각이 물속에서 떠올랐다.

여행의 마지막 날이 다가올수록, 푸꾸옥에서의 순간들이 이 미 그리워진다. 이곳은 바쁘게 돌아다니기보다 머물며 즐기 기에 안성맞춤인 곳. 팜 베이 리조트는 그런 우리에게 딱 맞는 곳이었다. 세심한 배려와 친절이 우리의 마음을 편안하게 해 주었다. 푸꾸옥의 밤, 풀장에 누워 보름달과 별을 바라보던 순 간은 잊을 수 없는 추억으로 남을 것이다.

Sinh Tô · Nước Ép Trái Cây

SUNNY

모닝 스무디와 참돔

오전 10시 30분, 세상에는 크게 두 종류의 사람이 있다. 하나는 아침에 커피가 필요한 사람, 다른 하나는 스무디가 필요한 사람. 나는 당연히 후자. 아내와 아주 큰 우산을 빌려 쓰고 주스 가게 동생네로 걸어간다.

리와 빨래방 엠어이는 오늘도 그들만의 뜨겁고 평화로운 일상을 살아가고 있다. 나는 그들의 세계에 잠시 발을 들이면서, 눈이 마주칠 때마다 받는 그 예쁘고 상냥한 미소에 마음이 녹는다. 그 미소는 세상 모든 스무디보다 달콤하고 시원하게 느껴진다.

그 미소는 아내가 닮고 싶어 하는 미소들 사이에 자리 잡는다. 카렌의 입꼬리가 예쁘게 올라가는 미소, 리와 빨래방 엠어이가 귀엽고 상냥하게 짓는 미소. 잊지 않고 연습해서 자신도 그런 미소를 지을 수 있도록 노력하고 싶다는 아내. 세상 어디에도 없는 써니표 스무디만큼이나 달콤하고 시원한 그 미소는, 평생 잊지 못할 것 같다.

이런 기억들이 우리를 얼마나 행복하게 만드는지.

우리도 그들처럼 아침을 즐기며, 어제 사 온 기념품들을 침대에 펼쳐놓고 쇼핑떼샷을 찍는다. 처음에는 별로 산 것 같지 않았는데, 늘어놓고 보니 꽤나 많다. 주로 가벼운 여름옷들과 작은 병에 들어있는 소금이 30개. 이제 이 크고 작은 기념품들을 어떻게 가방에 담을지 고민해야 하는 마지막 미션이 남아있다.

아내가 확인한 최근 정보에 의하면 손가방 무게도 체크한다고 하니, 이 부분이 신경 쓰인다. 이번 주 금요일 23시 40분에 출발하는 김해공항으로 가는 비행기를 타기 위해 레이트 체크 아웃을 확인했다. 핑크에게 확인해 보니 당일에

800.000동, 즉 1박 요금을 지불하면 된다고 한다. 이에 동의하고 메모해 두었다.

늦은 밤 비행기를 탈 때는 이렇게 하는 것이 체력 소모도 적고 비용도 절약할 수 있다고 들었다. 그 시간에 나가서 더 돌아다닐 곳도 없으니, 안전하게 머물다가 우리의 추억이 담긴 빈버스를 타고 공항으로 향하기로 했다. 빈버스 안내방송도 그리워질 것 같다. 아내가 '레이싼 띠 뷰! 좐스투어! 좐스투어!' 흉내를 잘 내니, 가끔 들려달라고 해야겠다.

노을이 지는 시간, 팜 베이 리조트에서 오른쪽으로 이어지는 골목을 따라가면 한적한 시골길을 걷게 된다. 조금 더 걸으면 푸꾸옥 정취가 살아 있는 작은 골목을 지나며 큰 길가에 도착하게 된다. 맞은편에서 수영복을 입은 사람들이 나오고 있었다. 아마도 바다가 나올 것이다.

바다로 가는 길에는 테이블이 단 네 개밖에 없는 생선구이 식당도 있다. 오후 5시쯤 식당 앞에 도착했을 때, 배달된 얼음과 생선 박스가 있었다. 이는 오늘 배달된 생선만 구워 판다는 뜻이다. 일단은 바다로 나가본다. 푸꾸옥은 대로변에서 보면 일층 건물에 식당, 카페, 슈퍼마켓, 세탁소 등이 있지만, 골목으로 내려가면 대형 리조트와 잔잔한 파도가 일렁이는 바다가 나타난다.

큰 리조트는 현재 운영되지 않아 문을 닫은 곳도 있고, 전통 가옥처럼 보이는 작은 규모의 리조트들도 있는데, 사람들은 보이지 않았다. 바다 쪽으로 내려가는 길이 고풍스럽고 예쁘게 꾸며져 있어서 좁은 골목길을 따라가면서 바다가 가까워질수록 더 많은 오토바이가 주차되어 있는 것을 볼 수 있다.

바다에 이르자, 레게 머리를 한 젊은 여성 디제이가 탱크탑을 입고 디제잉을 하며 몸을 들썩이는 작은 바 겸 식당에 도착했다. 그곳은 Tank Tops & Flip Flops Reggae Beach Bar Phu Quoc이라 불렸다. 손님들 중 몇몇은 음악의 리듬에 몸을 맡기며 취기를 드러내고 있었다. 우리는 그 활기찬 풍경을 지나 노을 지는 바다로 향했다. 바다에 둥둥 떠서 주변 풍경을 즐기는 건 시간이 멈춘 듯한 평화로움을 선사했다.

노을이 지면, 이곳은 젊은 연인들과 가족들이 잠시 일상에서 벗어나 힐링을 하는 공간이 된다. 따뜻하고 평온하며 사랑스럽다. 바다에서 나온 우리는 겉옷을 걸치고 생선구이집으로 향했다. 사장님이 그릴에 불을 붙였기를 진심으로 기도하면서 걸어 올라갔다.

"오!" 신이 우리 소원을 들었나 보다. 다행히, 4개의 테이블 중 하나가 비어 있었다. 우리는 당당히 자리를 잡았다. 이미 먹고 있는 러시안들, 혼자서 3접시를 비운 청년, 그리고 우리까지. 마치 운명이 우리를 이곳으로 이끈 것만 같았다. 아내는 베트남어로 참돔구이, 새우튀김, 오징어튀김을 주문했고, 사장님의 흡족한 표정이 그 선택을 확실히 했다.

가게 안을 둘러보니, 다양한 언어로 쓰인 리뷰들이 눈에 띄었다. 'JMT'라는 한글 리뷰도 보였다. 이렇게 많은 사람이 추천하는 식당에서 식사를 한다는 것이, 얼마나 행운이었는지 다시 한번 깨닫게 해주었다. 구글 리뷰를 믿지는 않지만, 어느 정도는 참고하는 현대인의 지혜.

음식이 나왔다. 바삭한 튀김은 언제 먹어도 실패가 없다. 참돔구이는 정말, 정말로, 진실로 꿀맛이었다. 딸이 너무나도 맛있게 먹어서 우리 모두가 그 맛에 빠져들었다. "이 아인 언제부터 이리 참돔을 좋아한 것이오!" 나는 놀라서 이렇게 말했다. 딸은 한 톨의 살점도 남김없이 쪽쪽 빨아 먹었다.

계산할 때, 아내가 베트남어로 가격을 말하자 사장님은 맞다고 확인해주었다. 이렇게 저렴한 가격에 이런 품질의 음식을 먹을 수 있다니, 참으로 행운이다. 우리가 한국에서 왔다고 하니, 사장님은 친절하게 엄지손가락을 치켜세워 주었다.

저녁을 먹고 돌아와서는 따뜻한 국물이 그리워 분짜 양동이에 라면을 끓여 아내와 나눠 먹었다. 씻고 난 후, 침대에 누워 새로 시작한 드라마를 보며 잠이 솔솔 올 때쯤, 아내가 밖에 나가자고 했다. 하지만 나는 이미 잠의 세계로 빠져들고 있어서, 결국 10시쯤 잠이 들었다. 아내는 나와 딸이 밤새 잠꼬대를 했다고 말해주었다.

스무디 한 잔과 큰 우산 하나로 시작되는 하루였다. 뜨겁고도 평화로운 일상 속에서 서로의 미소를 닮아가며, 추억과 여행 속에서 작은 기념품들을 나누고, 무게 제한에 신경 쓰면서도 그 모든 순간을 즐긴다. 아, 이렇게 행복한 순간들을 누가 상상이나 했을까?

복권에 당첨되면 뭐 할거야?

오늘 아침은 왠지 모를 충동에 이끌려 일어나자마자 수영장
으로 달려갔다. 몸이 저절로 움직이는 것처럼, 수영복을 입고
물속에 몸을 담그자마자 느낀 것은 순수한 행복이었다. 더운
나라의 아침, 언제든지 수영장에 뛰어들 수 있는 일상은 정말
이지 꿈만 같았다. 그러나 이 꿈같은 시간도 벌써 내일 모레면
끝나버릴 것이라는 생각에 아쉬움이 밀려온다.

그리고 미소 지으며 내게 이렇게 말했다. '이틀밖에 안 남은
게 아니라, 이틀이나 남아 있는 거야. 오늘은 늦은 시간이 아
니라 가장 빠른 시간이야.'

여행을 이틀 남겨두고 있는 우리는 오늘도 8시에 일어나 조식을 먹으러 갔다. 한산한 조식당에서 어제부터 시도한 100번 씹기 실천을 이어가며 천천히, 정성스레 아침을 즐겼다. 딸과 아내 역시 각자의 페이스로, 각자의 스타일로 식사를 즐기는 중이었다.

딸이 일사병으로 고생하던 시절, 우리에게 친절을 베푼 크루가 있었다. 작고 성실한 그녀는 딸에게 리치맛 사탕 하나를 건네며 우리의 마음을 훔쳤다. 그 작은 행동 하나하나가 어느새 우리 사이의 따뜻한 관계를 만들어갔다. 그래서 어제는 약간의 팁을 전달했다. 여기는 팁이 필수가 아니더라도, 고마움을 표현하기에는 그만큼 좋은 방법이 없으니까.

이 크루는 오늘 아침 우리에게 와플 스낵 세 봉지를 건네주었다. 아, 우리는 이 친절함을 그저 받아들일 뿐이다. 어떻게든 마음을 전하고 싶어 하는 것 같다. 식사를 마치고 있을 때, 딸이 이 크루와 사진을 찍고 싶어 할 것 같다는 느낌이 들어 조심스레 제안했다. 크루는 기뻐하며 사진 찍는 포즈를 취했다.

손님들이 많이 빠진 조식당에서 즐거운 포토타임을 가진 후,

리셉션에서 사진을 보며 웃음이 끊이질 않았다. 여기 사람들은 정말 머리가 작고 체격 대비 비율이 좋다며 우리는 왜 이렇게 머리가 큰 걸까 하고 웃었다. 푸꾸옥에 와서 놀란 점이 바로 미녀가 많다는 것이었다.

그때 사장님이 다가와 인사를 하셨고, 같이 사진 찍자는 제안에 흔쾌히 응해주셨다. 그 모습을 보던 핑크는 어떻게 자신을 빼놓을 수 있냐며 서운하게 하지 말라며 다가왔다. 미안. 미안. 그렇게 핑크도 합류해 모두 함께 사진을 찍었다.

그리고 어젯밤 주스 가게에 가지 못했더니, 동생이 아내에게 인스타그램 디엠으로 '언니, 잘 자요'라는 메시지를 보냈다. 어서 보고 싶은 마음이 들었다. 우리는 써니 주스 가게로 향했다. 푸꾸옥의 아침은 강렬하고 선명해서 모든 것이 더욱 뚜렷하게 보였다.

주스 가게에 도착하자 동생이 반가워하며 잘생긴 아들의 이름을 알려주었다. 이름이 '냥'이라니. 냥이란 이름의 귀여움에 마음이 녹았다. 망꺼우 신또와 코코넛을 주문하고 기다리는 동안, 우리는 냥이와 즐거운 시간을 보냈다.

오늘은 냥이가 코코넛을 까주었다. 섬세하게 작은 빨대 구멍을 만드는 동생과 달리, 냥이는 누가 봐도 남자답게 대강 주먹만큼 큰 구멍을 뚫어서 가져다 주었다. 엄마를 따라 하려면 아직 멀었지만, 그의 귀여움과 맛있는 코코넛은 우리의 마음을 사로잡았다.

우리는 사진을 찍으며 이 순간을 기억에 남기기로 했다. 한국의 미녀와 푸꾸옥의 미남이 어색한 듯, 쑥스러운 듯 서로를 바라보는데, 정말 잘 어울린다. 하하하. 그 어색해하는 모습이 더욱 귀엽게 느껴진다. 녀석들, 몇 년 후에 다시 만날 때 어떤 느낌을 받게 될까?

아내가 이 사진을 주스 가게 동생에게 보여주자 함박웃음을 지었다. 그리고는 오토바이를 타고 어딘가로 향했다. '어디를 가는 거지?'라고 생각하고 있었는데, 잠시 후 동생은 둘째를 태우고 돌아왔다. 아, 아이들 하교 시간이구나. 푸꾸옥에서는 아이들이 아침 일찍 학교에 가서 10:30에 하교한 뒤, 점심을 먹고 쉬다가 오후에 다시 학교로 간다. 빨래방 동생도 햇빛을 막아낼 마법사 로브를 걸치고 오토바이에 오르고 있었다.

동생은 아내에게 또 나간다고 말하고 나갔다. 이번엔 점심거리를 준비하기 위함인 듯 보였다. 동생의 남편이 12시쯤 주스 가게에 와서 함께 점심을 먹으니, 동생은 미리 준비해야만 했다. 그 사이에 아내는 냥이에게 약간의 용돈을 살며시 쥐여주며, '맛있는 거 사 먹어. 엄마한테는 비밀이야.'라고 써서 구글 번역기를 보여주었다. 냥이는 쑥스러운 미소를 지으며 '땡큐'라고 답했다.

더 많이 주고 싶은 마음이 굴뚝같았지만, 과하다 싶어 동생과 함께 맛있는 간식을 사 먹을 수 있는 정도만 주고 가게에서 주먹만한 구멍이 난 코코넛을 들고 리조트로 돌아왔다.

리조트에 돌아와 나는 열기를 식히며 침대에 반쯤 잠들어 있었고, 딸은 공부에 열중했다. 아내는 드라마를 보고 있었다. 아내에게 주스 가게 동생이 인스타그램 디엠으로 메시지를 보내왔다. '언니, 이틀 뒤에 가는 거예요?' 인어공주가 울고 있는 스티커와 함께였다. 아내는 '동생, 나도 돌아가고 싶지 않아. 저녁때 또 만나자.'라고 답장했다.

푸꾸옥 여행에 대해 두 사람과 대화를 하며 시간을 보냈다. 시간과 여행과 사람들 생각만으로도 벅찬 기분이 들었다. 아내는 벌써부터 푸꾸옥 언니들과 동생들 이야기를 하면 말수가 적어진다. 벌써부터 울지 않을 거라고 다짐하는데, 그 모습이 퍽 아름다웠다. 딸은 이제야 적응이 됐는데 가야만 하냐며 묻고 또 물었다. 나도 한국에서 여기로 온 지 벌써 한 달이 지났다는 게 믿기지 않는다.

우리는 빈펄 사파리에 가야 할지 말아야 할지 고민하다가 결국 푸꾸옥은 한 번만 올 곳이 아니라는 결론에 이르렀다. 한 달 동안 푸꾸옥에 머물면서도 아직 가보지 못한 곳이 많다는 것을 깨달았다. 빈펄 사파리, 혼똔섬 케이블카, 사오 비치 등 아직 발길이 닿지 않은 곳들이 우리를 기다리고 있다. 그리고 우린 남겨 놓는 걸 좋아한다. 그래야 다시 오게 된다.

저녁에는 바다에서 슈퍼 어싱을 한 뒤, 어제 먹었던 참돔구이가 너무 맛있어서 다시 가기로 한다. 원래 딸이 요구하는 타입이 아니라서, 다시 가자고 하는 건 정말 맛있다는 증거다. Hao Phat Restaurant 사장님이 벌써 숯불에 불을 피우고 있다. 신선한 참돔구이, 계란볶음밥, 그리고 오늘은 사장님 추천 바라쿠다구이도 추가로 주문한다. 오늘도 네 테이블 중 하나가 우리를 기다리고 있다. '아싸, 오늘도 럭키 데이다!'

참돔구이와 계란볶음밥이 우리 앞에 펼쳐진 작은 축제 같았다. 그런데 사장님이 뭔가 말씀하시려고 오시는데, 얼굴에 '난 감함'이라고 쓰여 있었다. 바라쿠다가 오늘 좀 아파서… 아니, 상태가 안 좋다고 다른 걸 먹으라고 하신다. 딸은 바로 참돔구 이 한 마리 더로 전략을 바꾸었다. '원 모어!' 하고 외치는 우 리. 사장님도 웃으시며 준비해주신다.

딸은 해산물을 좋아한다. 한국에서는 마음 놓고 먹기 힘든 해 산물이 여기서는 그렇게도 저렴하고 신선하다니, 이건 마치 보물을 발견한 기분이다. 딸 덕분에 오늘도 행복한 저녁을 보 냈다.

저녁을 먹고 나서 킹콩마트까지 산책을 나섰다. 길에서 우연 히 만난 팜 베이 투숙객들과 '굿나잇' 인사를 나누며, 그들의 해맑은 웃음이 밤길을 더욱 반짝이게 만들었다. 이렇게 길에 서 만나 인사를 나누는 것은 오래된 친구를 만난 것처럼 반가 웠다.

킹콩마트에서는 망고 컵케이크와 두리안, 알로에 요플레를 골라 리조트로 돌아오는 길에 사장님 사모님의 큰 인사를 받 고 깜짝 놀랐다. "짜오 엠!" 진지한 사장님의 경쾌하고 밝은 목소리였다. 이 작은 섬에서의 인연이란 참으로 따뜻하고 가깝게 느껴졌다.

샤워를 마치고 주스 가게로 향했다. 333맥주와 사과주스를 주문하고 앉아서 동생과 대화를 나누었다. 그녀의 하루는 고단했지만 우리를 밝게 맞이해주었다. 임대료 이야기부터 비오는 계절, 복권 판매까지 다양한 이야기를 나누었다. 동생의 복권 당첨 소망은 자선단체에 기부하는 것이었다. 그 순간, 우리는 모두 따뜻한 마음을 느꼈다. 아내는 '나는 한국에서도 복권을 사본 적이 없어. 이미 당첨되었으니까.'하고 나를 가리키자, 동생이 크게 웃었다.

주스 가게에서의 이야기는 내일모레 한국으로 돌아가야 한다는 아쉬움을 잠시나마 잊게 해주었다. 그리고 돌아오는 길, 아내와 나는 이상하게도 마음이 행복했다. 타국의 골목길, 나이트 자스민의 향기, 그리고 지금 이 순간… 모든 것이 너무나도 소중하게 느껴졌다.

'복권이 당첨된다면 뭐할 거야?' 나의 질문에, 아내는 답했다. '나는 지금처럼 이렇게 살고 싶어. 여행 다니고, 글 쓰고, 책 만들고… 더 하고 싶은 건 모르겠어.' 푸꾸옥의 밤하늘 아래, 우리의 대화는 영원히 기억될 것 같다.

복권에 당첨된다면 무엇을 할 것인가에 대한 질문에, 나는 이미 내가 원하는 삶을 살고 있다고 답했다. 바로 당신이 나의 복권이라고 말하자, 아내는 엉터리 베트남어 발음으로 '쭉 응언'하며 멀리 달아나 버렸다.

짜오 브오이 셍

내일이면 푸꾸옥과 작별의 시간이 다가온다. 조식당에서의
마지막 아침도 내일이면 막을 내리게 된다. 매일 밤 조용히 음
식을 준비하는 그들의 모습, 그리고 베트남 가정식처럼 단출
하면서도 정갈한 음식들이 참 좋았다. 만약 그 음식들이 더 다
양하고 화려했다면, 아마도 나는 매일 소화제를 필수품으로
삼았을지도 모른다.

오늘, 리셉션에서 만난 핑크가 마지막 베트남어 수업을 진행
한다. 굿모닝, 굿애프터눈, 굿이브닝이라 적힌 포스트잇을 가
져오고, 하나하나 발음을 가르치며 우리가 따라 하게 한다.

"짜오 브오이 생!" 굿모닝이라는 인사를 배우고, 사장님도 지나가시며 "짜오 엠!" 하고 인사를 건넨다. 이 소소한 인사들이 이제는 그리움으로 남을 것 같다.

이른 아침부터 분주하게 움직여야 하는 날이다. 우리를 매혹시킨 분짜 언니들이 있는 식당이 다시 문을 열었기 때문이다. 작별 인사도 하고 사진도 찍으려고 한다. 언니들에게 줄 망고와 아보카도 신또를 써니 주스 가게에서 주문하고 있는데, 빨래방 동생이 연밥 세˚송이를 가지고 와서는 안에 있는 씨앗을 까서 먹으라고 권한다. 간식인 것 같았다.

나는 어젯밤 인스타 디엠으로 주스 가게 동생과의 만남이 얼마나 행복했는지를 아내에게 전해달라고 말했었다. '현명하고 아름다운 마음을 가진 사람을 알게 되어 너무 행복한 밤'이라고 디엠을 보냈었다. 오늘 아침 그 동생은 내게 "짜오 안!"이라며 인사를 해준다. '안'은 오빠라는 뜻이다. 귀여운 동생이다. 써니 동생의 상냥함과 스무디는 여행 내내 우리를 행복하게 만들었다.

주스를 들고 가는데 멀리서 우리를 알아본 분짜 언니가 손을 흔든다. 정말 기분 좋았다. 멀리서부터 반갑게 손 흔들어주시

다니. 아내가 번역기로 "내일 한국으로 떠나요. 언니랑 사진 찍고 싶어서 왔어요."라고 전하니, 언니는 흔쾌히 웃으며 사진을 찍어주셨다. 우리가 떠나려고 하자, 언니는 분짜 2인분과 반꾸온을 포장해 손에 쥐여주며, 우리가 내민 돈을 거절하고 우리를 한 명 한 명 따뜻하게 안아준다. 아내는 붉어진 눈시울로 분짜 언니들과 이별했다.

내가 생각하기에도, 분짜 언니들은 정말 너무나 따뜻하고 진한 사랑이 가득한 분들이다. 여행객인 우리에게 따뜻한 마음을 주셔서 몸 둘 바를 모를 정도로 감사한 마음이었다. 나는 인간이 언어를 넘어서는 무언가로 연결되어 있다는 것을 분명히 느낄 수 있었다. 가슴이 먼저다. 우리 인간은 가슴으로 말하고 가슴으로 살아가야 하는 존재들이다.

두 손 가득 분짜와 반꾸온, 그리고 연밥을 들고 주스 가게로 돌아간다. 양이 너무 많아 어떻게 다 먹을까 고민하는데 딸이 제안했다. "이모들이랑 같이 나눠 먹자."라고 말했다. 좋은 생각이라며 주스 가게 동생과 빨래방 동생에게 일 인분씩 포장된 분짜를 나누어 주었다. 이렇게 우리는 받은 호의를 다시 나누며, 더 많은 사람과 따뜻함을 함께했다.

벌써 내일이면 이곳을 떠나야 한다니, 시간이 참 빠르다. 매일 아침 이 길을 걸으며 눈에 익혔던 풍경들, 만났던 사람들과의 따뜻한 대화와 웃음이 모두 그리워질 것이다. 여행이란, 결국 이 모든 순간들과 만남이 아닐까.

오전에 빨래방 동생이 준 연밥 세 송이를 어떻게 먹는지 몰라 네이버에서 검색해봤다. 연자육이란 것이 바로 그 연꽃의 씨앗이었다. 푸꾸옥에서는 이것을 껍질을 까서 간식으로 즐긴다고 한다. 항산화 작용으로 피부와 장 건강에 좋고, 항염 작용도 한다고 한다. 그래서 그런지, 빨래방 동생의 피부가 그렇게 맑고 뽀얗게 보이는 비결인가 보다.

우리도 그 방법대로 초록색 껍질을 까보니, 안에 든 속살이 밍밍하면서도 수분이 있어 간식으로 먹기에 딱 좋았다. 옅은 밤맛 같으면서도 처음 먹어보는 듯한, 그런데 어딘가 익숙한 맛이었다. 본래 한 개만 맛보려고 했던 것이, 어느새 두 송이를 모두 먹어버렸다.

여기 사람들은 너무 단 과일보다는 코코넛 속살이나 포멜로, 잭프룻, 그리고 연자육 같은 약간 덜 단 과일을 더 선호하는 듯했다. 과일가게 동생네 아이들도 학교에서 돌아오면 코코넛을 쪼개 속살을 즐기는 것을 보았고, 일사병 증상에는 코코넛을 먹으라는 주스 가게 동생의 조언도 기억난다.

저녁이 되어 노을을 즐기기 위해 바다로 향하는 길. 사람들이 바다에 앉아 무언가를 열심히 찾고 있는 모습을 보았다. 그것은 아주 작은 조개였다. 너무 작아서 먹기 위한 것이 아니라 관상용인 듯싶었다. 물놀이를 하는 할머니부터 꼬마까지, 조개를 찾는 모습은 마냥 평화로웠다.

나와 딸은 바다에서 노을을 감상하며 둥둥 떠 있고, 아내는 백사장에 앉아 모래와 게와 강아지들과 함께 시간을 보냈다. 해가 지고 나니 배가 고파져서 킹콩마트로 향했다. 모든 것이 그리워질 테지만, 킹콩마트의 베이커리는 특히 더 생각날 것 같다. 그래서 오늘 저녁은 이곳의 빵으로 결정했다.

영화에서 나오는 클럽 프리패스 인싸처럼, 우린 킹콩마트 인싸들이었다. 마트 입구 직원과는 이제 거의 아는 사이. 케이블 타이는 패스하고, 눈짓 한 번이면 모든 게 오케이.

베이커리 코너로 질주해 에그타르트, 아몬드 크루아상, 초코 도넛을 쓸어 담았다. 여기에 두리안 아이스크림과 바닐라 아이스크림까지, 마치 전리품처럼 야심 차게 담아 리조트로 귀환했다.

돌아오는 길에 보니, 그 참돔구이집이 오늘도 사람으로 북적이고 있었다. 우리가 가게 앞에 서성거리자 자리가 없어서 미안하다는 사장님. 포장해 가져가니 괜찮다고 했다. 새우구이를 주문하고 기다리는 동안 건너편에서 보는 이 장면이 옛날홍콩 영화의 한 장면처럼 느껴졌다.

새우구이를 기다리는데, 우리 리조트의 마스코트이면서 빅보스라는 별명으로 불리는 4살짜리 꼬마 녀석이 귀여운 오토바이 안경을 끼고 아빠와 함께 오토바이를 타고 지나가다 우리에게 인사했다. 너무 귀여워서 사진을 몇 장 찍어주고, 슈크림빵을 선물로 건넸다. 그 작은 빅보스는 예쁜 누나들을 유독 좋아하는 귀여운 속성을 가지고 있었다.

새우구이가 준비되고, 나는 사장님과 사진을 찍고 싶다고 말했다. 사장님은 친절하게 포즈를 취해주셨고, 멋진 사진이 완성되었다. 아내는 사장님과 내가 악수를 나누는 모습이 꽤 멋졌다고 말했다. 남자들끼리의 예의 있는 악수는 언제봐도 인상적이라며.

이날의 기록을 마음속에 담고, 리조트로 돌아와서 맛있게 먹고, 샤워하고, 마지막으로 주스 가게 동생과 시간을 보내기 위해 주스 가게로 갔다. 오늘따라 손님이 많아 늦은 밤까지 북적였다. 우리는 333맥주와 코코넛 두 개를 주문하고, 이야기와 웃음으로 마지막 밤을 즐겼다.

주스 가게에서의 정략 결혼

오늘 아침 7시, 눈이 번쩍 뜨였다. '마지막 날이라니… 결국 오고야 말았구나.' 속삭이듯 생각했다. 오늘은 밀린 세탁물도 빨래방에 맡기고, 조식도 천천히 즐기며, 주스 동생네 망고도 사 올 예정이다. 샤워를 마치고 여느 때와 다름없이 순한 가정식 조식을 먹었다. 진한 베트남 커피 한 모금에 모든 게 담겨 있었다. 커피도, 사람들도, 푸꾸옥도 진하다.

빨래방에 세탁물을 맡기고, 우리 예쁜 동생이 영수증을 건네주며 5시까지 오라고 한다. 맞은편 주스 동생네에서 망고를 사고 있는데, 빨래방 동생이 토토로 간식 같은 쏘이 4개를 딸에게 선물로 준다. 아내는 먹는 것도 귀여운 걸 먹는다고 말하며 고마워했다.

아, 마지막 만찬은 주스 동생네 망고와 쏘이가 될 것 같다는 생각이 든다. 과하게 식사를 하면 비행기에서 불편할 것 같았는데, 이렇게 여러 가지로 만족스러운 식단이 마련되었다.

빨래를 맡기고 돌아오니 리셉션에 사모님이 보여서 같이 사진을 찍자고 했다. 드레스 업한 모습이 사진 찍기에 안성맞춤이었다. 해를 직접 맞으며 수영장 앞에서 푸꾸옥 하늘만큼 밝은 얼굴로 사모님, 핑크, 나, 아내, 딸이 함께 사진을 찍었다. 가족 같은 느낌에 마음이 뭉클했다.

이제 리조트에 남은 음식은 동생이 골라준 망고 1킬로, 연자육 한 송이, 쏘이 4개, 코코넛, 똠얌꿍라면, 와플, 도넛, 크루아상, 물이다. 잔잔하고 소소하고 담백하게 남은 시간을 보내려 한다. 나는 풀장 주변을 한 바퀴 돌았고 아내는 리셉션 탁자에 앉아 무언가를 쓰고 있었다. 딸은 참돔 같은 얼굴로 꼼지락거리고 있다.

강렬한 햇살이 수영장을 비추니, 썬텐을 하던 사람들도 다 들어가 버렸다. 5월부터는 우기가 시작되어 습한 날씨가 계속될 것이다. 태풍도 지나간다니, 관광객이 줄어들겠지. 주스 가게는 매출이 줄겠고, 빨래방은 매출이 올라갈 것이다.

빨래를 찾으러 가기 위해 오후 4시 30분쯤 우리는 골목으로 나섰다. 걸으면서 하늘도 올려다보고, 강렬한 햇살도 느꼈다. 저 멀리 빨래방이 보이고, 동생네 주스 가게도 눈에 들어왔다. 빨래방 동생의 이름은 토우다. "토우!"하고 부르니, 그녀는 예쁘게 활짝 웃으며 단정하게 개킨 빨래를 내어줬다. 고맙다고 인사했다.

주스 가게 동생에게는 이따 밤에 만나자고 하고, 다시 리조트로 돌아왔다. 돌아가는 짐을 꾸리는 데는 그렇게 오랜 시간이 걸리지 않았다. 기내 반입 가능한 무게 일 인당 7kg이 조금 넘을 것 같은 무게지만, 셋이 무게를 나눠 짐을 꾸렸다.

짐을 꾸리고 있는데, 빅보스가 우리 방에 찾아왔다. 이 녀석도 오늘이 마지막 날이라는 것을 아는 것일까? 어제 우연히 만나 킹콩마트 슈크림 빵을 주었더니, 맛있었는지 이유는 모르지만 우리 방에 와서 망치 장난감으로 여기저기를 두드리면서 방을 고쳐주는 놀이를 했다. 그 후 아내 무릎에 앉아 사진도 같이 찍었다. 아무래도 팬 서비스인 듯싶다.

말을 잘하는 녀석인데, 맛있는 까까 사 먹으라고 용돈을 바지
주머니에 넣어주었더니 수줍게 "땡큐"라고 말한다. 엊그제는
일본 누나 세 명과 2시간 동안 풀장에서 소리 지르며 놀던 귀
여운 녀석, 처음부터 좀 그럴 것이지. 리조트에 오는 주로 예
쁜 누나들을 특히 더 좋아하는 녀석이었다. 내가 알지 그 맘.
엄마 아빠가 리조트 직원이어서 항상 하루 종일 리조트에서
지내는 녀석. 리셉션에 에어컨 켜는 시간이면 소파에 누워 오
침을 즐기는 녀석. 정말 빅보스 같다.

저녁에는 킹콩마트로 걸어갔다. 어느 때보다 조금 더 조용한
거리를 걷고 있으면서, 우리는 말이 없었지만 서로의 마음이
느껴졌다. 킹콩마트에서 딸이 꼭 사고 싶다는 턱이 있는 분짜
숟가락 6개 세트와 망고 케이크, 슈크림 빵, 아이스크림콘을
두 개 사서 나왔다.

오늘은 웬일인지 킹콩마트가 유난히 한산해서 좀 서운하다.
항상 북적이는 그곳이 오늘따라 조용하니, 어딘가 허전하다.
웃으며 호객하는 식당의 어린 엠어이들, 손님을 기다리는 그
랩 아저씨, 그리고 여러 나라에서 온 관광객들로 가득해야 할

거리가 오늘은 달콤한 망고, 두리안, 파파야 향기만 가득하다.

저 앞에서 우리 리조트에서 생활하는 아기 가족이 유모차를 끌고 다가온다. 반가운 마음에 다가가 "우리 오늘 밤에 떠나요. 건강하세요. 잘 지내시고요."라고 인사를 건넸더니, 그들은 열흘 후에 돌아간다고 한다. 친정엄마와 딸, 손자 이렇게 셋이 여행을 왔나 보다. 아기 엄마는 늘 새침한 표정이라 대화를 나눠볼 기회가 없었는데, 막상 바깥에서 만나니 반가움이 묻어났다.

어두운 푸꾸옥 시골길을 걸어서 리조트로 돌아와, 아내는 샤워를 하고 나와 딸은 수영장으로 들어갔다. 어제 적응 완료된 딸은 어리둥절한 표정을 지었다. 일사병까지 이겨 내며 힘들게 적응 완료했는데 도저히 갈 수 없다는 것이었다. 그리고 참돔구이를 세 마리밖에 먹지 못했다며, 적어도 열 마리는 먹고 가고 싶다고 했다.

시간이 되자 아내가 엄한 얼굴로 빨리 준비하라고 한다. 우리는 차례로 샤워를 하고 한국에서 입고 온 옷을 챙겨 입고, 짐을 나눠 잘 꾸렸다. 긴팔에 긴바지. 옷만 갈아입었을 뿐인데 덥고 낯설었다.

배낭을 짊어지고 리셉션으로 갔다. 체크아웃을 하고 사장님, 사모님과 인사를 나누는 순간, 이별의 슬픔이 밀려왔다. 사모님은 기다리라며 냉장고에서 미리 준비해 놓은 포멜로와 티슈, 물까지 챙겨주셨다. 포멜로는 덮개가 닫히지 않을 정도로 그득히 담겨 있었다.

마지막 안아주는 순간, 아내는 눈물이 터져 울음을 터뜨렸다. 한 달 동안 나눈 마음이 이렇게 깊어질 줄이야. 사장님은 "핸 갑 라이 엠!" 하고 경쾌하게 작별 인사를 해주시고, 사모님은 말없이 아내를 다시 한 번 꽉 안아주셨다.

아내는 구글 번역기로 "꿈처럼 아름다운 곳에서 행복하게 지내다 갑니다. 행복하세요."라는 문장을 입력해 보여주었다. 사장님과 사모님의 행복해 보이는 표정이 지금도 눈에 선하다. 마지막까지 손을 흔들어주시는 사장님, 사모님과의 이별이 이토록 힘들 줄이야. 골목을 돌아나가는 마지막 한순간까지도 손을 흔들어 주셨다. "우리 꼭 다시 만나요. 핸 갑 라이 안, 핸 갑 라이 찌."

이제 써니 주스 가게와 빨래방 동생에게도 이별을 고해야 한다. 아내는 밤이어서 다행이라고 한다. 우는 얼굴이 보이지 않을 거라며. 나는 그런 걱정을 하는 아내가 퍽 아름다워 보였다. 나는 아내의 몽글몽글한 마음을 토닥여 주었다. 무거운 가방이 더욱 무겁게 느껴진다.

아내는 주스 가게에 도착하면서 "짜오 엠!"하고 더 크게 인사를 한다. 활기차게 "망고 신또 바!" 하자 써니 동생이 난감한 얼굴을 했다. "신또 노"라고 말하는 것이었다. 고장? 아니 이럴 수가! 우리는 머리를 감쌌다. 믹서기가 고장 났다고 한다. 요즘 장사가 잘되더니 그만 믹서기가 고장 난 것이었다. 그 순간 너무 웃겨서 우리 모두 크게 웃어버렸다. 하필 오늘이라니!

주스 가게 동생이 어딘가로 전화를 걸더니 작은 믹서기를 빌려왔다. 아내가 달려가 말리며 괜찮다고, 작은 믹서기로 얼음을 갈면 그것도 고장 날 거라고 우리 코코넛을 마시겠다고 했다. 코코넛을 주문하자 동생이 마지막으로 코코넛을 까주었다.

아내는 "아무래도 다시 와서 망고 신또를 마시라는 운명인가봐."라고 말했다. 동생은 미안함과 아쉬움이 섞인 얼굴로 고개를 끄덕이며 "그런가 봐요."라고 말했다.

아내는 "괜찮아. 다음에 와서 꼭 다시 마실게."라고 말했고,
동생은 "이다음에 오면 내 고향도 데려갈게."라고 말했다. 아
내는 "너무 신난다. 그래. 그러자. 재밌겠다."라고 답했다.

푸꾸옥에도 대학교가 있는지, 아이들이 자라면 대학은 어디
로 가는지 등등의 대화를 이어갔다. 동생은 아이들이 대학교
는 하노이나 호찌민으로 가게 될 거라고 말했다. 아내가 아들
이 공부를 잘할 것 같다고 했지만, 동생은 딸이 더 공부를 잘
한다고 했다. 동생은 핸드폰에 있는 귀여운 딸의 사진을 많이
보여 주었다.

사진을 보던 아내는 갑자기 장난스럽게 너의 아들과 우리 딸
을 정략 결혼시키자고 말하자, 그 자리에 있던 우리 외동딸은
머리를 감싸 쥐며 우리를 바라보고, 우리 모두 크게 웃었다.

중간에 손님이 와서 응대를 마친 동생이 갑자기 망고를 가져
가 자르고 빌려온 믹서기에 망고를 갈아 주스를 만들었다. 아
무래도 그냥 보낼 수 없다는 생각이었던 것이다. 얼른 가서 말
리고 싶었지만, 동생의 마음씨에 감동받아 가만히 있기로 했
다. 동생은 "스무디로 만들고 싶었는데 믹서기가 작아서 주스

로 만들었어. 이거 마셔." 동생의 이 말에, 우리는 감동의 눈물을 흘릴 뻔했다.

주스값을 치르려고 했지만 동생이 받지 않을 것 같아 코코넛 아래에 주스값을 놓아두고 작별 인사를 했다. 한 명씩 안아주고 꼭 다시 만나자고, 다시 오겠다고 인사를 나눴다. 빨래방 동생도 나와서 차례로 안아주며 인사를 나눴다.

여행의 마지막 장을 덮으며 푸꾸옥의 작은 주스 가게 앞에서 벌어진 소소한 일화는 마치 한 편의 영화처럼 마음속에 깊이 남았다. 믹서기가 고장 난 사건은 우리에게 예기치 못한 웃음을 선사했고, 그 작은 웃음이 여행의 끝을 장식하는 황금빛 테두리가 되어주었다.

우리가 떠나가는 순간까지 손을 흔들어주는 주스 가게 동생과 빨래방 동생과의 이별은 다시 만날 날을 약속하는 소중한 순간이었다. 그녀들의 아름다운 미소와 따뜻한 인사는 이별의 아쉬움을 달래주기에 충분했다.

이제 우리는 돌아가야만 한다. 집으로, 일상으로 돌아가 이 여행을 추억하며 살아가야 한다. 하지만 푸꾸옥에서의 날들, 그리고 마지막 순간까지 우리를 따뜻하게 안아준 이곳의 사람들과의 만남은 영원히 잊혀지지 않을 것이다. 이 여행을 통해 우리는 또 하나의 집을 얻었다. 멀리 떨어져 있지만, 언제든 마음속에서 찾아갈 수 있는 소중한 집을.

여행은 끝났지만, 이야기는 계속된다. 다시 만날 날을 기약하며, 우리는 푸꾸옥에게 작별을 고한다.

"핸 갑 라이, 푸꾸옥. 너는 이제 나의 또 다른 집이니까."

이 작은 섬에서의 경험은 이제 우리 각자의 삶 속에 아름다운 여행으로 기억될 것이다. 그리고 언젠가 다시 이곳을 찾을 때, 우리는 마치 오랜 친구를 만나는 듯 반갑게 인사할 것이다.

"짜오! 푸꾸옥! 정말 보고 싶었어."

바닐라빛 하늘 아래
푸꾸옥에서

발행일 ● 2024년 5월 20일
지은이 ● 이지상
펴낸곳 ● 북서퍼
편 집 ● 이지현 이루희
연락처 ● 010-2844-0305
이메일 ● booksurfer3@naver.com
출판등록 ● 제469-2023-000005호
홈페이지 ● instagram.com/booksurfer3 | blog.naver.com/booksurfer3

ISBN 979-11-983081-7-7(03910)
ⓒ이지상 2024

값 16,800원